スギ先生と考える
子ども家庭支援の心理学

杉﨑雅子

萌文書林
Houbunshorin

はじめに

　たくさんある本の中から、『スギ先生と考える　子ども家庭支援の心理学』を手に取ってくださり感謝いたします。

　この本は、2018年に新たに制定された保育士養成課程における「子ども家庭支援の心理学」の教授内容に準拠し、養成校での講義および学生の自学自習を想定して作成されたテキストです。

　「子ども家庭支援の心理学」は、それまで他の科目で学ぶことになっていた内容が集まって構成されている科目です。学習内容が幅広いです。そのため、このテキストは内容ごとに4部構成になっています。

> 第Ⅰ部：生涯発達から支援を考える
> 第Ⅱ部：家族理解から支援を考える
> 第Ⅲ部：多様な家族への支援を考える
> 第Ⅳ部：子どものこころへの支援を考える

　一見、バラバラに見える内容ですが、根幹部分でつながっています。それは「子どもと家庭を支援する」視点を身につけることです。ぜひ、知識を得るだけで終わらせずに、その知識をもとに「どのように子どもや家庭を支援することにつなげるか」を考えながら学んでいただきたいと思います。

　このテキストを執筆していた主な時期は、世界中が新型コロナウイルスの大流行の只中で、日本においても緊急事態宣言が発令されるなど、誰にとっても初めての状況下でした。落ち着かない日々の中、大学もオンライン授業への変更を余儀なくされ、学生の顔が見えない中での授業準備に追われていました。いつも思い浮かべていたことが2つあります。

一つは、自宅で、一人で学びに向かっている学生たち。皆、真面目に一生懸命取り組んでいる様子が伝わっているものの、実際、どの程度学びが定着しているのか、はかりかねていました。読むだけで理解が深まり、さらに自分で調べて学びを広げられるような、テキストの果たす役割を再認識しました。

　もう一つは、ステイホームが苦しい、支援が必要な方たち。家に居場所がない子ども、親子だけで時間を過ごすことが難しく、外からの支援の手が必要な保護者の方たち。この出口のない閉塞感のある日々を、どのような気持ちで過ごしているのか、想像するだけで苦しく、心配でした。同時に、支援者の立場の方々のご苦労も改めて実感しました。支援の視点をもつ専門家の養成の意義を再確認しました。

　そのような気持ちを抱きながら執筆したテキストですので、「理解」と「支援」が強調されているかもしれません（スギ先生も辛口モードです）。学び終えた後に、支援の視点が身につき、視野が広がっていることを願います。また本書は、拙著『スギ先生と学ぶ　教育相談のきほん』の姉妹書です。合わせて読んでいただければ、支援の視点を相談技術に結びつけることができるでしょう。

　最後に、この場をお借りしてお礼を述べさせていただきます。
　私にたくさんのことを教えてくれた、これまで出会った子どもたち、保護者の方々、ありがとうございました。臨床関係の仲間たち、大学の先生方をはじめとして日頃サポートをしてくださっている方々、ありがとうございました。
　また、このような機会を与えてくださり、私のわがままにつきあってくださった萌文書林の服部直人氏と、私のペースを尊重してくださった下中志野氏に、こころからの感謝を申し上げます。

2020年12月

杉﨑雅子

もくじ

第Ⅰ部　生涯発達から支援を考えるの巻

第1章　乳幼児期の発達

達成目標 ……………………………………………………………… 2
導入のワーク ………………………………………………………… 3
解説
❶0歳児の発達〜この世界へのデビュー〜 ……………………… 4
❷1歳児の発達〜世界が広がる〜 ………………………………… 7
❸2歳児の発達〜魔の2歳児〜 …………………………………… 8
❹3歳児の発達〜誇り高き自分〜 ………………………………… 8
❺4歳児の発達〜リアルを生き始めるゆえの葛藤〜 …………… 9
❻5〜6歳児の発達〜かしこさ〜 ………………………………… 11
まとめのワーク ……………………………………………………… 13
確認テスト …………………………………………………………… 14

第2章　児童期の発達

達成目標 ……………………………………………………………… 16
導入のワーク ………………………………………………………… 17
解説
❶思考の発達 ………………………………………………………… 18
❷仲間関係 …………………………………………………………… 19
❸いじめ ……………………………………………………………… 19
❹幼保小連携 ………………………………………………………… 21
まとめのワーク ……………………………………………………… 22
確認テスト …………………………………………………………… 24

第3章　青年期の発達

達成目標 ……………………………………………………………… 26
導入のワーク ………………………………………………………… 27
解説
❶青年期の発達課題 ………………………………………………… 28
❷思春期の心理 ……………………………………………………… 28
❸友人関係 …………………………………………………………… 31
❹不登校 ……………………………………………………………… 31
❺青年期の揺れを健全なものにするために必要なこと ………… 32
まとめのワーク ……………………………………………………… 34
確認テスト …………………………………………………………… 35

第4章　成人期・高齢期の発達

達成目標 ……………………………………………………………… 36
導入のワーク ………………………………………………………… 37
解説
❶成人期の発達課題 ………………………………………………… 38
❷中年期危機 ………………………………………………………… 39
❸高齢期の発達 ……………………………………………………… 39
まとめのワーク ……………………………………………………… 42
確認テスト …………………………………………………………… 43

第Ⅱ部　家族理解から支援を考えるの巻

第 5 章　家族・家庭の意義と機能

達成目標 ……………………………………………………………… 46
導入のワーク ………………………………………………………… 47
解説
　❶家族・家庭・世帯 …………………………………………………… 48
　❷子どもにとっての家庭の役割 …………………………………… 50
　❸家庭の機能の外部化 ……………………………………………… 50
まとめのワーク ……………………………………………………… 51
確認テスト …………………………………………………………… 53

第 6 章　親子関係・家族関係の理解

達成目標 ……………………………………………………………… 54
導入のワーク ………………………………………………………… 55
解説
　❶家族を理解するための理論 ……………………………………… 56
　❷ジェノグラム ……………………………………………………… 61
まとめのワーク ……………………………………………………… 62
確認テスト …………………………………………………………… 63

第 7 章　子育てを取り巻く社会的状況

達成目標 ……………………………………………………………… 64
導入のワーク ………………………………………………………… 65
解説
　❶晩婚化・非婚化 …………………………………………………… 67
　❷出産・子育て ……………………………………………………… 67
　❸高度生殖医療 ……………………………………………………… 67
　❹喪失 ………………………………………………………………… 68
まとめのワーク ……………………………………………………… 71
確認テスト …………………………………………………………… 74

第 8 章　ライフコースと仕事・子育て

達成目標 ……………………………………………………………… 76
導入のワーク ………………………………………………………… 77
解説
　❶ライフコース ……………………………………………………… 78
　❷ライフコースの中の仕事・子育て ……………………………… 81
　❸親としての育ち …………………………………………………… 84
まとめのワーク ……………………………………………………… 86
確認テスト …………………………………………………………… 87

もくじ

第Ⅲ部　多様な家族への支援を考えるの巻

第 9 章　多様な家族の現状
達成目標 ……………………………………………………… 90
導入のワーク ………………………………………………… 91
解説
　❶家族の多様性 ……………………………………………… 92
　❷ひとり親家庭 ……………………………………………… 92
　❸ステップファミリー ……………………………………… 94
　❹LGBTQ ……………………………………………………… 96
　❺外国につながりのある家族 ……………………………… 97
まとめのワーク ……………………………………………… 98
確認テスト …………………………………………………… 99

第 10 章　配慮を要する家庭①〜保護者の疾患や障害〜
達成目標 ……………………………………………………… 100
導入のワーク ………………………………………………… 101
解説
　❶保護者に精神疾患がある場合 …………………………… 103
　❷保護者に障害がある場合 ………………………………… 104
　❸配慮を要する家庭の子どもの心理と支援 ……………… 104
まとめのワーク ……………………………………………… 106
確認テスト …………………………………………………… 107

第 11 章　配慮を要する家庭②〜虐待〜
達成目標 ……………………………………………………… 108
導入のワーク ………………………………………………… 109
解説
　❶虐待とは …………………………………………………… 110
　❷子どもに与える影響 ……………………………………… 110
　❸虐待家庭やその子どもに支援者としてかかわるときの留意点 … 113
まとめのワーク ……………………………………………… 115
確認テスト …………………………………………………… 116

第Ⅳ部　子どものこころへの支援を考えるの巻

第 12 章　子どものストレス
達成目標 ……………………………………………………… 118

導入のワーク ………………………………………………… 119

解説

❶子どもに反応がでるということ ……………………… 120

❷癖 ……………………………………………………… 120

❸退行 …………………………………………………… 121

❹心身症 ………………………………………………… 122

まとめのワーク ……………………………………………… 124

確認テスト …………………………………………………… 125

第 **13** 章 **睡眠、食事、排泄にかかわる症状**

達成目標 ……………………………………………………… 126

導入のワーク ………………………………………………… 127

解説

❶睡眠に関連する症状 ………………………………… 128

❷食事に関連する症状 ………………………………… 129

❸排泄に関連する症状 ………………………………… 130

まとめのワーク ……………………………………………… 132

確認テスト …………………………………………………… 133

第 **14** 章 **子どもに見られるその他の症状**

達成目標 ……………………………………………………… 134

導入のワーク ………………………………………………… 135

解説

❶チック ………………………………………………… 136

❷吃音 …………………………………………………… 136

❸選択性緘黙 …………………………………………… 138

まとめのワーク ……………………………………………… 140

確認テスト …………………………………………………… 141

第 **15** 章 **発達障害**

達成目標 ……………………………………………………… 142

導入のワーク ………………………………………………… 143

解説

❶発達障害とは ………………………………………… 144

❷限局性学習症（SLD）／学習障害（LD）………… 145

❸注意欠如多動症（ADHD）………………………… 148

❹自閉スペクトラム症（ASD）……………………… 150

❺発達性協調運動症／発達性協調運動障害（DCD）… 152

まとめのワーク ……………………………………………… 154

確認テスト …………………………………………………… 155

文献一覧 ……………………………………………………… 156

さくいん ……………………………………………………… 161

著者紹介 ……………………………………………………… 163

第 I 部

生涯発達から
支援を考えるの巻

第1章　乳幼児期の発達

達成目標

　乳幼児期の発達の重要性を認識し、その時期にかかわる大人の役割について理解する。

→　乳幼児期の特徴や発達課題に沿ったかかわりができるようになりましょう。

→　理論に基づいて保護者支援ができるようになりましょう。

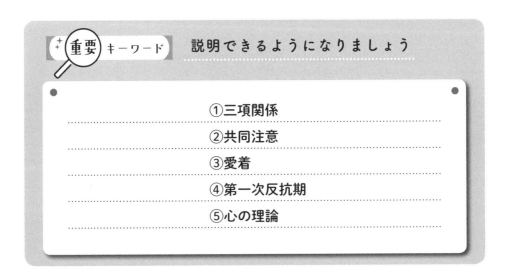

重要キーワード　説明できるようになりましょう

①三項関係

②共同注意

③愛着

④第一次反抗期

⑤心の理論

重要用語の説明ができるなんて当たり前です！
各年齢の特徴を頭に入れて、保護者に説明できるように
なってこそ専門職といえますね。

導入のワーク

　保護者から次のような話がありました。保育者として発達理論に基づいた説明、応答を考えてみましょう。

① 「うちのユミカ（0歳9か月）は、私にはいいんですけど、近所のおじさんが来ると火がついたように泣くんです。とてもいい人で、怖い人ではないんですけどね。怖いなら見なければいいのに、わざわざ顔を確認してまた泣いたりして、かわいがってくれるのに何だか悪くて。どうしたらいいですか」

_____

_____

_____

② 「うちのショウタ（2歳5か月）に嫌気がさしちゃって。何を言っても「イヤ！」ばっかりで、じゃあこうしようって別のことを言ってもそれも「イヤ！」って。最近、かわいいと思えないんです」

_____

_____

_____

③ 「うちのシンノスケ（4歳6か月）が、何だか最近、気分屋っていうか…。3歳のときは何でもやりたい、やってあげる、でうるさいくらいだったのに、最近は当たり前にできていたこともやりたくないって言ったり、ふざけてまじめにやらなかったり。よく下にきょうだいが産まれると赤ちゃん返りして甘えるというけれど、うちは特に下が産まれたわけでもないのに、やれることもやらなくなるなんて、どうかかわればいいのでしょう」

_____

_____

_____

解 説

　はじめに、年齢ごと、領域ごとの発達の特徴を整理しておきましょう。最重要事項だけを厳選してありますので、すべての用語を理解しておく必要があります。

各年齢・各領域の発達の特徴

年齢	身体	ことば	認知・思考	自我・社会性	遊び
0歳	・新生児反射	・共同注意 ・三項関係	・感覚運動期	・愛着形成 ・人見知り	
1歳	・自立歩行	・一語文			
2歳		・二語文	・前操作期	・第一次反抗期	・一人遊び
3歳					・平行遊び
4歳		・内言	・心の理論	・葛藤 ・自己調整	・連合遊び
5歳		・文字、数字への興味	・三次元の獲得		・協同遊び

筆者作成

❶ 0歳児の発達〜この世界へのデビュー〜

　赤ちゃんってかわいいですよね。しゃべるわけでもないし、やりとりが成立するわけでもない、こちらのことなんてお構いなしに何となく動いたり眠ったりしているだけなのに、ずっと眺めていても飽きない、不思議な生き物です。でも赤ちゃんからはこの世界はどう感じられるのでしょうね。自分が赤ちゃんだったときのことは残念ながら覚えていないわけですから、これまでの研究からわかっていることで赤ちゃんの世界をイメージしてみましょう。

　ところで、赤ちゃんってどんなイメージですか。か弱くて脆くて、絶えずお世話をして助けてあげないといけないイメージ？　それとも赤ちゃんとはいえ一人の人間、実は優秀で有能なすごい存在！　なイメージ？

　一見、相反するイメージですが、実は、両方とも正解です。

　その理由を、0歳児の発達を概観しながら確認してみましょう。

◆赤ちゃんはいろいろなことがわかっている

　生まれてから生後3〜4か月程度は、新生児反射が見られます（消失時期は反射によって異なります）。新生児反射とは、生まれてすぐの赤ちゃんに見られる反射で、主なものに口元に刺激を与えると吸いつこうとする吸啜反射、手のひらに刺激を与えると握る把握反射などがあります。外界を生き抜くための最低限の装置といわれています。

　ピアジェの認知発達理論においては感覚運動期にあたり、唯一使える身体を使って、見たものを振ったりなめたりして、この世界のものを認識していく時期です。そして認知面では、近年の赤ちゃん研究から、これまで考えられていたより優秀な存在であると見なされるようになってきました。赤ちゃんは足し算や引き算がわかっている、というのが一例です。赤ちゃんはいろいろな能力をもっている優秀な存在なのです。

期待違反法

　ありえない状況を見せて、赤ちゃんが驚いた反応をしたら、赤ちゃんには「こうなるはず」という期待があることがわかる、という実験法です。
　例）赤ちゃんに、クマのぬいぐるみを見せる。布でぬいぐるみを隠し、もう1つ、クマのぬいぐるみを布の中に入れるフリをする。
布を外したときに、クマのぬいぐるみが1つしかなかったときに赤ちゃんは驚く。「布の奥にはクマのぬいぐるみが2つあるはず」という期待をもっていたこと、1つにもう1つ加わったのだから2つあるはず、と理解していたことがわかる。

◆赤ちゃんは一人では生きていけない存在

　一方で、どんなに優秀であっても、赤ちゃんは一人では生きていけない存在です。多くの動物が生まれてすぐ立って歩くことに比べて、人間の赤ちゃんは自分一人では立って歩くことも話すことも食べ物を獲得することもできません。誰かの助けがないと生き延びることもできない弱い存在なのです。

　話すことができない赤ちゃんが発信する方法は、「泣く」です。では、赤ちゃんはどんなときに泣きますか。赤ちゃんが泣くのは、お腹が空いた、おむつが濡れて気持ち悪い…つまり何らかの「不快」な状態のときです。赤ちゃんが泣くと大人はミルクをあげたりおむつを替えたりして、赤ちゃんの状態を「快」な状態にします。赤ちゃんはこの世界のことをすべて見えているわけではありませんから（新生児の視力は0.01〜0.02程度、ごく直近のものが見える程度）、おそらくどこかからぬっと手がでてきて、自分の状態が変わる、くらいの感覚だと思われます。しかし日々のかかわりの中で不快な状態を快適な状態に変えてもらえることで、赤ちゃんのこころの中にはある感覚が育っていきます。それが「この世界は自分に好意的で、自分を快適にしてくれる、信頼できるものだ」という感覚です。

◆愛着の形成

　やがて、赤ちゃんは「どうやらこの人がいつも自分を快適にしてくれる人らしい」という存在を認識します。視力が発達することもありますし、においはかなり早期から区別しているといわれますから、様々な感覚の発達が認識を助けるのでしょう。よくわからない世界の中で、いつも自分を快適にしてくれる存在を認識したら、その人を特別な存在と見なしても不思議ではありません。その人と情緒的な結びつきを形成すること、それが愛着です。「この人がいれば安心する」と感じられる存在との絆が、赤ちゃんの情緒を安定させ、その後のいろいろな発達を促進する力となります。愛着を形成する相手は養育者になることが多いですが、愛着を形成すると養育者のそばにいようとしたり、いなくなると不安を覚えたりするようになります。養育者以外の人には不安を示すのが、人見知りです。生後9か月くらいに見られる人見知りは、養育者とそれ以外の人が違うことがわかるほどに発達したからこそ、なのですが、特定の相手に選ばれた養育者には少し負担になることもあるようです。

> 養育者のそばにいようとして、赤ちゃんは後追いします。トイレに行くだけで大泣き…となると、養育者には負担になることもあります。

> 「人見知り」は、この時期の特徴を示す発達用語です。「人見知りだから初めての人と話せないんですぅ」などと大人になってくれぐれも言わないように。

◆ことばの発達につながる力

　この時期、発語はまだありませんが、ことばの発達につながるやりとりの力が育っていきます。何しろ、子どもは見るものすべて生まれて初めての体験なわけなので、興味をもったものにこころが動き、大人に指をさして伝えようとします。たとえば小鳥を見て子どもが大人を見ると、大人はその子どもの様子から小鳥を見て、また子どもを見るでしょう。子どもと大人が同じものを見ることを共同注意、子ども、大人、ものを結ぶ3つの構造を三項関係といいます。三項関係が成立することで、子どもは大人と「わあ、おもしろいね」「かわいいね」といった興味や感情を共有します。人と人がこころを通わす、やりとりのもととなるもの

です。また、ものを見て「ことりだね」「お空にいるね」と大人がことばをかけることで、子どもは自分が見ているものに名前があること、「ことり」と呼ぶものだということを理解していきます。これがことばの発達につながるやりとりの力です。

◆発達初期の重要性

　0歳代は、この世界にデビューし、もっている力を最大限に活用しながら、人とのつながりを結び、この世界で人として生きていく基礎を形成する、重要な時期なのです。しかも発達が著しく、1か月ごとに様相が変わっていきます。3か月ぶりに会うと「こんなに大きくなった！」「こんなに変わった！」と驚くほどです。3か月間とは、ドラマの1クールを見て「楽しかったのに終わっちゃったぁ」というくらいの期間です。大人になるとあっという間に過ぎてしまう期間に、赤ちゃんはめざましい発達をとげます。そして大人がこの世界と赤ちゃんを結ぶ重要な役割を果たすのです。

② 1歳児の発達〜世界が広がる〜

　1歳児の特徴は、何といっても自立歩行とことばの獲得に尽きます。寝返りやハイハイ、つかまり立ちを経て、1歳ごろに自分だけで立ち、歩き始めます。同じころ、「マンマ」「ブーブー」などの発語が見られるようになります。まだ単語ですが、その一語で多くの意味を表すことができるので一語文ともいわれます。歩行の自立とことばの獲得は子どもにどのような意味をもたらすのでしょうか。

◆世界が広がる、自我が広がる

　それまで、大人の手を借りて移動していた子どもは、受け身的に外界の景色を見ていました。それが、自分の意志で足を踏みだすことにより、風景が変わります。行動範囲が拡大します。「自分で」行きたいところに行くのです。歩くことはただそれが「できた」という発達上の意味合いだけではなく、1歳児がこの世界で人として生きていく「自分」を広げていく、という意味合いがあります。

　ことばの獲得についてはどうでしょうか。神田（2008）によると、初語は「ワンワン」などの名詞形をとることが多く、「これらのことばのほとんどが要求語ではなくて共感語である」とのことです。「ワンワン」は「犬を取って」という要求の意味ではなく、「ワンワンいた、見て！」という驚きや喜びを相手に伝えるために生みだされる、ということです。大人はつい「ことばがでた」「しゃべった」ことだけに注目しがちですが、発語はあくまでもそれまでのやりとりの力、

やりとりの楽しさの上に成り立つ、ということを忘れてはいけないでしょう。

　それでも、ことばを獲得することは大きな意味合いがあります。ものとことばを結びつける作業を通して、この世界を一つずつ「知っているもの」でできた世界にしていく、ということです。犬と「ワンワン」を結びつけることで、よくわからないものであふれているこの世界に「知っている」ワンワンというものが位置づけられます。ことばの獲得も子どもにとってこの世界を自分の知っているものとして広げていく営みといえます。

③　2歳児の発達〜魔の2歳児〜

　子育て雑誌を読んだことがありますか。特集ページや養育者の悩み相談のページなどに必ず含まれる内容が「子どものイヤイヤ期」についてです。いわゆる魔の2歳児といわれるこの時期は、特に子育ての大変さを感じる時期として挙げられる年代なのです。

◆イヤイヤ期の正体

　2歳になると二語文を話すようになるなど、できることやわかることが増えます。そして子どもの自我はより広がっていきます。もっとやりたい、もっとほしい、もっともっと、の気持ちが育ち、自己主張が強くなります。子どもの発達上、「自分の意思をもつ」「自分の気持ちを主張する」ことはとても重要なことですが、必ずしも大人の意向や現実世界の状況と一致するとは限りません。たとえば朝の忙しい時間に、早くご飯を済ませたい大人の意向と、自分のやり方でご飯を食べたい子どもの気持ちは一致しません。時間がかかるので、大人は食べさせたり急がせたりしたくなります。でも子どもは大人の言うことに従うわけにはいきません。自分が決めるから、自分でやりたいから、です。大人の申し出、提案、頭ごなしの言いつけ…すべて「イヤ」「自分で！」「こうする‼」です。大人の言うことに何でも反抗するので「第一次反抗期」と呼ばれ、養育者を悩ます時期です。しかし子どもは反抗したいというよりも、言いなりになりたくない、育ってきた自分の思いを尊重したい、できるようになってきたことがうれしくて自分の力を発揮したい、という気持ちが強いのです。自立心の芽生えだととらえる視点が必要になります。

④　3歳児の発達〜誇り高き自分〜

　3歳になると、食事や着替えなどの身辺自立ができるようになります。一つ段

階をすすみ、お兄ちゃん、お姉ちゃんになったな、と感じられるころです。

◆ことばで考える力の芽生え

　3歳では、文章で話すことができるようになります。日常会話では大人の話すことも概ね理解でき、やりとりができるようになります。「大－小」「長－短」「男－女」などの二次元の概念を認識できるようになることが背景にあります。「○○だから△△になる」というような因果関係を含む思考も可能になります。ことばで考える力の芽生えです。

◆誇り高き3歳児

　3歳児は自信たっぷりの時期です。何でもやろうとするのは2歳児と同じですが、3歳児はただできるだけでは納得しません。役に立つ自分を示すことができてこそ、なのです。弟の世話を「やってあげる」と、自分を大人側において世話をしようとする。大人からすると「自分のことがまだできていないのだから、まずそっちをやってよ…」と言いたくなりますが、3歳児は一人前にお世話をしたいのです。自分ができているかどうか、の振り返りをする力はないことが幸いして、できない自分を見つめる必要がありません。すごいでしょ、できるもん、という自信に満ちあふれた天真爛漫さ。まだまだできないことは多いので、実際にはツッコミどころ満載なのですが、自分への根拠ない自信をもつことの大切さを3歳児は教えてくれます。一生付き合うことになる自分に対して誇りを抱いて過ごせること、それが人が生きていく上で何よりも大切なこころの働きだからです。

◆遊びは平行遊び

　この時期、大人とのことばでのやりとりが成立するので、大人からすると人とかかわれる力が伸びたように見えて期待することがあります。それは「お友達と仲良く遊ぶこと」です。大人がイメージする子ども同士の遊びの状態は、「かして」「いいよ」「一緒に作ろう」「うん、そっち持って」「たのしいね！」といった感じでしょうか。しかし実際には3歳児は一緒にいて同じ遊び（たとえば積み木）をしていても、かかわりをもたずにそれぞれが積み木で遊んでいる様子が見られます。これは平行遊びといいます。年齢とともに遊び方はかかわりながら好きな遊びをする連合遊び、ルールに基づき協力して遊ぶ協同遊びへと発達していきますので、この段階で平行遊びであっても心配はいりません。

⑤　4歳児の発達～リアルを生き始めるゆえの葛藤～

　自信たっぷりだった誇り高き3歳児を経て、4歳児になると、子どもの様相は

変わってきます。当然、4歳児のほうができること、わかることは増えてきます。ああそれなのに、天真爛漫な子ども時代に翳りが…。それはどうしてなのでしょうか。

◆自己調整力の育ち

　4歳児の特徴は自己調整力が育つことです。「本当は嫌だけれどもお留守番してるね」というように、「○○だけれども△△する」という調整力が育ってきます。ことばの発達では、外に向かってコミュニケーションの手段としてことばを使用する外言ではなく、自分の行動を調整したり考えて計画したりするためのことばとしての内言が育ってきます。子どもが誰に言うともなく「あれー？　どうやるんだっけ？　あ、そうだ、こうすればいいんだ」とつぶやいたり、「こわくない、こわくないぞ」と自分に言い聞かせたりすることが内言にあたります。これもことばと思考を使いながら自分を調整しているのですね。

◆心の理論

　他者にもこころがあることを理解し、他者のこころの状態を理解、推測することができる能力を「心の理論」といいます。この能力は概ね4歳ごろから成立するとされています。こころの理論が育つと、他者の視点を取り込むことができるようになり、相手から自分がどう見えるかを考えるようになります。

「誤信念課題」「サリーとアン課題」を調べてみましょう。

◆リアルを生き始める故の葛藤

　3歳児との大きな違いは、他者からの視点がわかるようになることに加えて、4歳児は根拠のないことでは納得できないことです。他者にほめられるとき、ほめられただけでは単純に喜べません。ほめに根拠があって、自分に納得ができて初めて「まあ、そうかな」と受け入れます。これは振り返りができる力が育ち、リアルを生き始めるほどに発達した故です。しかし同時に、わかってしまうことの苦しさが生まれます。それは「できない自分」「なりたい自分になれていない自分」をわかってしまうことです。大人もそうですが4歳児も、こころに葛藤を抱えることは苦しいことです。さらにその葛藤に気づかれないようにふるまうこ

ともあり、4歳児の行動は大人から見てとらえどころがない場合があります。

　たとえば遊び。難しい折り紙に挑戦したいけれど、できないかもしれない。本当はできる自分を見せたいけれど、無理そうだ。でも大人に作ってもらうことも不本意だ。4歳児は折り紙をぐしゃぐしゃに丸めて、「できた〜ハッハッハッ」とおちゃらけて終わりにします。他にも、急に機嫌が悪くなったり、泣いたりして荒れる場合があるかもしれません。大人は「前は折り紙をやりたがったのに、できるところまでやればいいのに」と思い、不真面目さを叱りたくさえなるかもしれませんが、4歳児はやれることもやらないことで「できない自分」に向き合うこと、さらすことを避けているのです。大人のかかわり方に、傷つけない配慮が求められます。

　4歳児は、「折り紙やって」と頼んできたのに、やってあげても喜ばないことがあります。どのように対応しますか？

❻　5〜6歳児の発達〜かしこさ〜

　5〜6歳では、かしこくなった子どもの姿を見ることができます。単に物知りになった、何かが上手にできるようになった、というかしこさだけでなく、物事を多面的にとらえることができるかしこさです。

◆三次元の獲得

　物事を多面的に見られるようになるのは、「前・後ろ・横」「過去・今・未来」というような三次元の世界を理解できるようになることが影響していると考えられます。真ん中を発見し、自分を真ん中に置いて空間や時間を把握します。生活の中では時間や日にちの概念の理解がすすむでしょう。

　友達のとらえ方も、「怖いところもあるけど、やさしいところもある」「嫌いなところもあるけど、ヒーローにはすごく詳しいんだよ」など、一つの見方だけで決めつけず、友達のよいところを見つけるようになります。

◆人とのかかわり方の変化

　5〜6歳児では、社会のルールやマナーを意識して守ろうとする姿が見られます。森川ら（2016）は、3歳から5歳の子どもに「公園にゴミを散らかす」等のよくない行為がどの程度悪いか、なぜ悪いかを調査しました。その結果、公園を

汚す行為が他の利用者を嫌な気持ちにさせたり、社会秩序を乱したりするということは5歳ごろになって理解が深まるようになる、と結論づけられました。「自分」や「私とあなた」だけでなく、「みんな」という広い意識でこの世界をとらえ始めたといえるでしょう。しかし、まだ一般化ができないため、一つ学んだルールをすべてに適用することはできません。

　この「みんな」への意識の広がりは、遊び方への変化にも見られます。このころになると皆で役割分担をして一つのことで遊ぶ、協同遊びが見られるようになります。

◆文字や数字への興味

　このころになると、文字や数字に興味をもち始めます。文字はこの場にいない人とも時間・空間を超えてつながり、コミュニケーションを取れる道具です。その文字の魅力に子どもは惹かれるのかもしれません。勉強として教え込むよりも、お店屋さんごっこの看板作りや好きな人へのお手紙を書くことで、「伝えたい」という気持ちを育みながら親しめるとよいです。自然と就学の準備にもつながっていきます。

まとめ の ワーク

　保護者から次のような話がありました。保育者として発達理論に基づいた説明、応答を考えてみましょう。

① 「うちのミサキ（1歳2か月）は、いつでもべったりくっついてくるんですよ。うちの子育ての方針としては、子どもだからって子ども扱いするんじゃなくて、自立してほしいんですね。だからそういうときは手を払うなど、厳しく育てることにしているんですよ。なのに泣いてますますくっついてくるんですよ。どうしたらいいですか」

_____

_____

_____

② 「うちのシュウト（3歳0か月）は、お友達とうまくやれてないのではないかと心配なんです。お友達と仲良く遊んでほしいのに、あまりかかわらずに一人で遊んでいることが多いし。なぜお友達と仲良く遊べないのでしょうか」

_____

_____

_____

③ 「うちのユウタ（5歳3か月）が、言うことを聞かないので困ります。畑のミカンは取ったらだめよ、あれはおじいちゃんが大切に育てているものだからね、と言ったら「わかった！」って返事をしていたのに、次の日に畑のジャーマンアイリスを抜いてしまったんですよ。あれもおばあちゃんが大切に育てているものなのに。なぜ言うことを聞かないのでしょうか」

_____

_____

_____

確認テスト

・養育者との間に情緒的な結びつき、絆を形成することを（①　　　　　）の形成という。

・子どもと大人が同じものを見ることを（②　　　　　）、子ども、大人、ものを結ぶ3つの構造を（③　　　　　）という。

・2～3歳ごろになると自我の育ちの表れとして強く自己主張する姿が見られる。何に対しても「イヤイヤ」と言い、（④　　　　　）といわれる。

・他者にもこころがあることを理解し、他者のこころの状態を理解、推測することができる能力を（⑤　　　　　）いう。4歳ごろに形成されると考えられている。

　　4歳児の葛藤およびそれに対する望ましい保育者の対応について述べなさい。

_____

_____

_____

_____

第1章の学び、お疲れさまでした！
保育者が子どもの発達をきちんと理解しそれを説明できると、保護者は子どもの行動の理由や対応方法がわかります。
それは重要な保護者支援の一つです。
各年齢の特徴はしっかり身につきましたか？

MEMO

児童期の発達

達成目標

　児童期の発達の特徴を理解し、発達の先を見通して乳幼児期の子どもにかかわる視点を身につける。

→ 児童期の特徴や発達課題に沿ったかかわりができるようになりましょう。

→ 接続の重要性を理解し、その先の子どもの育ちをイメージした保育ができるようになりましょう。

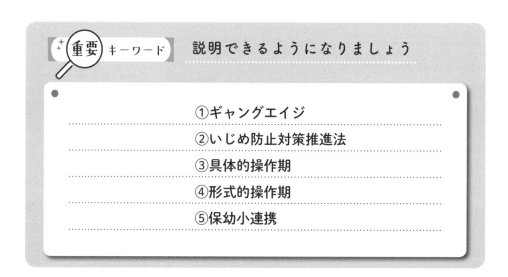

重要 キーワード　**説明できるようになりましょう**

①ギャングエイジ

②いじめ防止対策推進法

③具体的操作期

④形式的操作期

⑤保幼小連携

自分は保育者になるから児童期なんて関係ないって!?
子どもはいつまでも5歳児でいるわけじゃないですよね。
その先を知らないで、どうして子どもにかかわる目標を
立てられるのですか?

導入のワーク

次のことができるようになるのは、何歳くらいからだと考えますか。

①同じ量の液体は、別の容器に移して見た目の高さが変わっても、同じ量だとわかる。

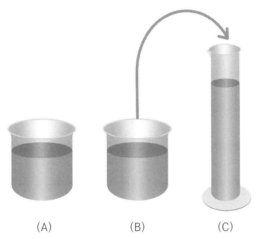

(A)　　　　　(B)　　　　　(C)

②「家は車より値段が高い、車は椅子より高い、一番値段が高いものは？」という問いに、頭の中の操作（紙に書かない）で答えられる。

解　説

　児童期は、学童期といわれることもあり、ちょうど小学校年代にあたります。子どもにとって、小学校に入学することは大きな節目の一つです。それまでの生活とは大きく変わります。一つは「学習」が始まること、もう一つは「規律をもった集団生活」が始まることです。児童期を、「思考の発達」「社会性の発達」の観点から見てみましょう。

1　思考の発達

　児童期は思考が発達する時期です。ピアジェの認知発達理論では、具体的操作期を経て形式的操作期へと移る時期になります。

◆具体的操作期

　7〜12歳ごろが該当します。具体的に扱えるものについては、論理的思考が可能になる時期です。具体的に扱えるものとは「リンゴ」などの見てわかるもの、実際に扱えるものをイメージしてください。見えない「密度」「愛」などは理解がまだ難しい段階です。具体的に見えるものであれば、順序立てて考えることができるようになります。

　また、前操作期では難しかった保存の概念を獲得します。保存の概念を獲得するとは、見た目が変わっても質量や数や重さは変わらないことがわかるようになることです。一貫した思考ができるようになります。

◆形式的操作期

　12歳以降が該当します。抽象的な概念を扱えるようになります。方程式とか、天文の話などです。三段論法がわかるようになるなどの論理的思考や、仮説を立てて検証するなどの科学的思考も可能になります。

> 三段論法とは「AならばBである。BならばCである。ゆえにAならばCである」という推論の方法です。

　このように、児童期は頭で考える力が伸びる時期です。学校でいろいろな教科の学習を通して、考える力を育て、大人になって自分で判断することができるようにするための基礎を培う時期です。

❷ 仲間関係

　小学生になると、友達の存在の重要性が増していきます。低学年のうちは家が近い、いつも一緒に遊ぶ、などの理由で友達となります。中学年になると、「ギャング・グループ」といわれる集団を形成します。この時代を「ギャングエイジ」といい、自分たちでルールをつくり、リーダーやフォロワーの役割をもちながら、子ども独自の世界をつくって活動します。自分たちの約束事を優先するために大人から見ると心配な行動をすることもありますが、この時期に仲間で活動することを通して、社会性の発達が促進されます。近年、遊び空間や遊び時間が失われたことで、ギャングエイジが消失してきているともいわれています。

❸ いじめ

　仲間関係が結びつく一方で、いじめの問題が出てきます。2011年10月、大津市で中学1年生男子がいじめによって自殺しました。その悪質さと、いじめ自殺の連鎖が社会問題化し、2013年に「いじめ防止対策推進法」が施行されました。法制化されることにより、学校も家庭もいじめ防止や早期発見等の対策を行うことが義務化されたのです。

　いじめは「児童等に対して、当該児童等が在籍する学校に在籍している等当該児童等と一定の人的関係にある他の児童等が行う心理的又は物理的な影響を与える行為（インターネットを通じて行われるものも含む。）であって、当該行為の対象となった児童等が心身の苦痛を感じているものをいう」と定義されています（文部科学省、2013）。さらに、文部科学省はいじめの様態を9つに分けています（文部科学省、2019）。

---

①冷やかしやからかい、悪口や脅し文句、嫌なことを言われる。
②仲間はずれ、集団による無視をされる。
③軽くぶつかられたり、遊ぶふりをして叩かれたり、蹴られたりする。
④ひどくぶつかられたり、叩かれたり、蹴られたりする。
⑤金品をたかられる。
⑥金品を隠されたり、盗まれたり、壊されたり、捨てられたりする
⑦嫌なことや恥ずかしいこと、危険なことをされたり、させられたりする。
⑧パソコンや携帯電話等で、ひぼう・中傷や嫌なことをされる。
⑨その他

文部科学省「平成30年度 児童生徒の問題行動・不登校等生徒指導上の諸課題に関する調査結果について」p.33
2019年より筆者作成

学年別のいじめ認知件数で見ると、小学生はいじめの認知件数が多くなっています。また、近年はSNSによるいじめも増加しており、大人から見えにくくなっていることにも注意が必要です。

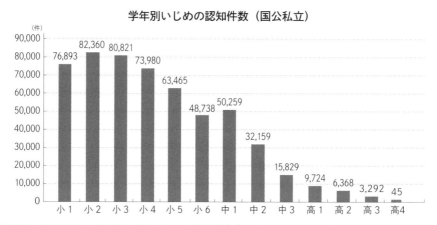

学年別いじめの認知件数（国公私立）

文部科学省「平成30年度 児童生徒の問題行動・不登校等生徒指導上の諸課題に関する調査結果について」p.72　2019年

◆いじめの構造

　森田（1994）は、教室におけるいじめには次のような構造があるとしました。

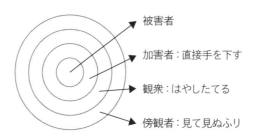

被害者
加害者：直接手を下す
観衆：はやしたてる
傍観者：見て見ぬふり

森田洋司・清永賢二『新訂版　いじめ：教室の病』p.51　金子書房　1994年より筆者改変

◆いじめの心理

　いじめの被害者は、長年にわたりその影響を受け、ストレスレベルが高いことや重篤化すると自殺に結びつく傾向があることが指摘されています。

人と接することが怖くなる、PTSDになるなど、
こころの傷は大きいものです。

　では、いじめをする子どもはどのような気持ちなのでしょうか。いじめ加害の子どもには、いじめに対する罪悪感が欠けていること、怒りやフラストレーションがたまっていること、自信がなく無気力な傾向があること、などがいわれています。加害者の子ども自身が暴力や虐待の被害者である場合もあります。いじめの行為は許されることではありませんが、いじめ加害者にもケアが必要であるということを忘れてはいけないでしょう。また、国立教育政策研究所（2015）によると、いじめの加害と被害は一定で固定されたものではなく、多くの子どもがどちらも経験しています。特定のだれか、ではなく子ども全体を対象としていじめ防止の観点でかかわることが求められます。小学生のうちに「自分が他者の役に立った」という自己有用感を感じられることがいじめ予防につながるという説もあり（国立教育政策研究所、2013）、小学生までにこころを育てることの重要性がわかります。

❹ 保幼小連携

　子どもが小学校生活にうまく適応できず、教員の指示に従って着席していることができない、学習に向かう態度がなく授業が成立しないなどの「小1プロブレム」が問題になっています。背景の一つに、保育所や幼稚園と学校との違いがあると考えられます。たとえば、遊びが中心の園生活から、学習中心の学校生活へ。子どもにとって「小学生になる」ことはとても誇らしい気持ちになることですが、一方で大きな環境の変化に伴う負担がかかることでもあります。この変化をできるだけ最小限にするために、保育所・幼稚園と小学校が連携をするようになってきています。

　子ども間の交流として、年長児が小学校訪問をして、小学生と交流したり、授業体験をしたりしています。教職員間での交流として、子どもの情報を申し送る情報共有会を開いたり、保育者が小学校を訪問したりしています。情報共有会では、園からは子どもの特徴のほか、それまでの園でのかかわりや配慮点を伝えます。小学校は入学後に子どもが困らないように、情報を生かして準備をするといった取り組みが行われています。保護者の希望があれば、「支援シート」などの情報伝達ツールを使って申し送りがなされることもあります。支援シートによってこれまでの支援が記録され、学校や学年が変わっても一貫した支援が可能になります。

まとめ の ワーク

　あなたは年長クラスの担任です。次のような子どもがいた場合、どのような情報を小学校に伝えますか。次のページにある支援シートのフォーマットに沿って書いてみましょう。

事例

　年長児ヤマダタロウ。両親と父方祖父母、姉（小学3年生）と妹（2歳）と暮らしている。タロウは、席にずっと座っていることができずに、部屋から飛びだしていくことが目立つ。先生の話を静かに聞いていられず、先生が製作の説明をしていると、「僕これ知ってるー、ねー、こうすればいいんでしょー」と、大きな声を出し、製作を始めてしまう。担任はタロウを自分の近くに呼び、先生のお手伝い係として必要なものの配布をお願いし、動いていてもかまわない時間をつくっている。それ以外のときは介助員が近くにいて、個別に声かけをしている。

　製作物は素早く作るため雑ではあるが、発想が面白く、個性的な作品ができる。絵を描くことや走ることは得意である。そして、他の子どもに乱暴な行動はせず、外遊びでは他の男子を盛りあげて楽しく遊んでいる。特にジロウとは仲良しで、ジロウの言うことは素直に聞く傾向がある。

　母親は1歳半健診でことばの遅れを相談しているが、経過を見ることになり、特に医療機関などの外部機関にはつながっていない。園と母親とは定期的にタロウのことで話し合いの機会をもち、できるようになってきたこと、いま取り組んでいくことを確認してきている。そのため、母親はタロウの様子をよく理解しており、小学校にも相談をしていきたいと考えている。

名前（　　　　　　　　）	家族構成（　　　　　　　　　　　　　　　　　）
本人の特徴	
得意なこと	
園でのこれまでの対応	
その他、伝えておきたいこと	

第2章の学び、お疲れさまでした！
自分がかかわっている子どものその後の発達を見据えて子どもに対応することが大切です。
といっても、そんなに難しく考えなくてもいいのです。この子は学級委員として役割を果たせそうだな、とか、運動会で活躍できそうだな、とか、ムードメーカーでみんなを明るくできるな、とか。少し先を具体的にイメージして、その子のよいところ、伸ばしたいところに注目してみてください。そうすると、小学校と連携するときにどんなことを伝えればいいか、もつかみやすくなりますよ。
各年齢の特徴はしっかり身につきましたか？

・小学校中学年になると、自分たちでルールをつくり、リーダーやフォロワーの役割をもつ集団を形成し活動するようになる。この時代を（①　　　　　　）というが、近年、消失しているという指摘もある。

・いじめが社会問題化したことを背景に、2013年に（②　　　　　　）が施行された。学校や保護者がいじめ防止や早期発見等の対策を行うことが義務化された。

・教室で発生するいじめには4層構造があるとされている。いじめを実施する加害者、いじめの対象となる被害者、周囲ではやし立てる（③　　　　　　）、見て見ぬふりの（④　　　　　）から成る。

・就学時は大きな環境の変化に伴う負担が子どもにかかる。この変化をできるだけ最小限にするために、（⑤　　　　　　）が図られるようになってきている。

児童期の思考の発達について説明しなさい。

_____

_____

_____

_____

MEMO

青年期の発達

達成目標

　大人へと変化する時期の特徴を理解し、生涯発達の観点から発達をとらえる。

⟶ 青年期の特徴や発達課題に沿ったかかわりができるようになりましょう。

⟶ 青年期の葛藤を健全なものにするために乳幼児期に必要なことは何かを考えましょう。

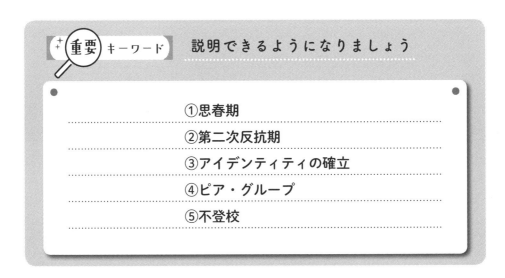

重要 キーワード　説明できるようになりましょう

①思春期
②第二次反抗期
③アイデンティティの確立
④ピア・グループ
⑤不登校

青年期は揺れる時期で、揺れることは悪いことではないです。
でも必要以上に揺れて子どもが傷つかないためには、乳幼児期からのかかわりがとても大切なのです。人間の発達を知る上で青年期はとても大切なので、しっかり勉強してほしいですね。

導入のワーク

　自分の中学校時代、高校時代を振り返ってみましょう。こころを占めていたことを割合とともにハートの中に書きましょう。そのあと、どんな時代だったか一言で表してみましょう。

第3章　青年期の発達

例

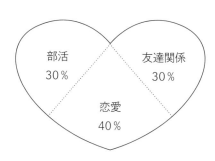

「青春していた」
中学時代

1．中学生のとき、どんなことを考えていましたか。

「　　　　　　　」
中学時代

2．高校生のとき、どんなことを考えていましたか。

「　　　　　　　」
高校時代

解 説

❶ 青年期の発達課題

　小学校を卒業した12～13歳から大人になるまでの時期は青年期といわれます。大人になるまでの準備期間にあたります。では、大人になるのは何歳ごろでしょうか。18歳？　20歳？　法律の規定で考えるか、心理的な成長で考えるかでも異なるでしょう。進学率が高くなった現代では、就職して経済的に自立する年齢もあがり、青年期が長くなったと考えられています。諸説ありますが、ここでは25歳くらいを目安にしておきましょう。

　青年期の発達課題は、エリクソンによると「アイデンティティの確立」です。アイデンティティとは、自我同一性と訳されることもありますが、「これこそが自分である」という感覚のことです。「この自分で生きていく」という自己を確立することが、この時期の課題になります。

　青年期が長くなったといっても、13歳と25歳では、本人の置かれる状況も社会が求めるものも違います。「アイデンティティの確立」が発達課題であることは共通ですが、その質は少し異なってきます。青年期は前期（13歳～）と後期（18歳～）に分けて考えることにしましょう。

❷ 思春期の心理

　青年期前期はちょうど中学生、高校生である年代です。この時期を思春期といいます。思春期は、それを通過した大人から見れば甘酸っぱい響きのすることばですが、渦中の人にとっては決して楽な時期ではありません。心理的には葛藤を抱く時期とされ、この時期の葛藤は思春期葛藤といわれます。その激しさは「疾風怒濤の時期」（ホールによることば）と称されるほどです。不安と動揺で荒れ狂う時代、というような意味ですね。

　思春期葛藤が生じる心理的背景を考えてみましょう。

◆男として女として生まれる

　この時期の特徴の一つに、第二次性徴の発現があります。身体の変化により、嫌でも自分の子ども期が終わることを突きつけられることになります。男として、女としての自分の誕生です。そして不安定な性ホルモンの影響で、情緒も不安定になります。なぜかイライラしたり、なぜか悲しくて涙が止まらなくなったり。

自分でも自分の気持ちがコントロールできないときがあります。

　同時に、異性の目が気になるようになります。小学生までの子ども時代は意識せずに遊んでいた仲間が、異性というだけで今までと同じようには接することができない。自分はこれまでと何も変わらないつもりでも、周りが冷やかしたり噂したりすることもあります。異性の目に自分がどう映るかが気になり、髪型や体型を気にする人も出てきます。アイドルグループのセンターの子と同じ髪型を真似して、新しい自分を演出する子も出てくるかもしれません。その演出や外見をからかわれることは、想像以上にひどく傷つくことにつながります。「こうなりたい」理想の自分を砕かれることになるからです。

◆大人からの心理的自立

　この時期のもう一つの背景が、大人からの自立です。自立といってもこの時期の子どもが自分でアパートを借りて自活できることはないので、主に心理的な自立をさします。小学生までの子どもは、大人の存在が絶対でした。「お母さんがダメって言ったからダメ」の世界に生きています。しかし成長するにつれ、親をはじめとした周囲の大人が絶対ではなくなります。むしろその矛盾をついたり、正しいと頭ではわかっていても反抗したくなったりします。

　大人に対して何かと反抗したくなるこの時期を、「第二次反抗期」といいます。大人からの声かけを、「別に」「ふつう」「関係ないし」の単語でシャットアウトする。言いつけを破ってダメと言われることをする。あるいは一人で部屋にこもって接触をもたない。そのような形で大人に対し反抗して、大人から距離を取ります。

　それはなぜでしょうか。大人と一緒にいて、いつまでも大人の言うことを聞いていたら、自分で自分を生きることができない、つまりアイデンティティの確立ができないからです。多くの場合、大人は子どもにいろいろな期待を寄せるものです。「こうなってほしい」「こうであってほしい」など、もちろん子どものためを思って考えていることが大半です。しかし、子どもからしてみたら、それはあくまでも他者によってつくられた「お仕着せの自分」です。自分で納得した新しい自分をつくるためには、はっきりいって大人がジャマなのです。反抗してけなして、距離を取らない限り、大人の言うことの影響からは逃れられません。大人の言うことはたいていの場合、正しいし強いことが多いので、感情的なことばや態度で痛めつけるか、無視する体を取るしか勝ち目がないのです。第二次反抗期は、アイデンティティ確立のためにセットで組み込まれているような装置といえ

るかもしれません。

　思春期の本人も大変でしょうが、その攻撃性の対象となる大人も実はかなり大変。高野（2012）は、このように表現しています。「子どもが放つことばに傷ついて、こんなにも足下がぐらぐらと揺れている。親ってなんなんだろう？　どんな態度をとればいい？　どんなことばをかけたらいい？　わからないことが多すぎて、ため息が増えていく」。思春期は、保護者にも支援が必要な時期です。

◆アイデンティティの確立までの生みの苦しみ

　「新しい自分をつくる」といっても、そのこころの作業は容易ではありません。一晩寝て、次の日から新しい自分、というわけにはいかないのです。だいたい、「本当の自分」は何かなんて、そんなものすぐにわかるわけないのです。自意識過剰なこの時期に、自分に向き合うことはそれだけで恥ずかしくつらいことで、簡単にはいきません。

　隣の席の子は新体操がうまくて、体育の時間に活躍している。自分も習い事をしたらあんなにキラキラできるかな。でも自分は身体が硬いから運動系は無理そうだ。女優の○○さんみたいなメイクをしたら違う自分になれると思ったのに「変だよ」って笑われた。高校入学したらイケてるあの子みたいに遊べると思ったらやっぱりノリが違って仲間になれない…。たとえば、そんな試行錯誤を繰り返し、傷ついて、否が応でも自分の至らなさ、ダメなところを突きつけられる体験を繰り返す。でもダメなところばかりでもなくて、どうやら自分は点字サークルでおばさまたちに「助かるわ」と言ってもらえるとうれしい。人の役に立つような働きが得意なのかも…、などという気づきも生まれてきます。これは年単位で行われる作業で、「こういう自分でいこうかな」の小さな光を見つけるまでの道筋や時間は人それぞれです。いつでられるかわからないトンネルを歩く間、でられるかどうかもわからない不安、他の人がでた焦り、不甲斐ない自分へのいらだち。思春期の自分探しは、こころの内面で本人も言語化できない様々な思いを抱えた旅になります。

　ただし、長い「アイデンティティ確立の旅」も、青年期前期と青年期後期とでは少し違いがあります。前期が主にこころの内面での葛藤が中心なのに対し、後期になると具体的な社会における生き方に悩みがシフトしていく傾向があるということです。「どんな仕事に就くか」とか「家庭を築くか」などの「自分はこの社会でどのように生きていくか」ということがテーマになってきます。

青年期後期にシフトしても、内面葛藤がなくなるわけではありません。具体的な生き方を検討するときも葛藤は続きます。

❸ 友人関係

　大人に反抗して距離を取るのは必要でも、それはそれで不安で心細くなるのがこの時期の子どもたちです。その揺れを一緒に乗り越えてくれる同志として、友達の存在がとても重要になってきます。大人はわかってくれてなくても、友達がわかってくれたら大丈夫な気がする。その分、友達に嫌われたり批判されたりしたらこの世の終わり…。大人から見れば極端な発想ですが、それくらいこころに友達が占める割合が高まる時期です。

　友人関係も年齢とともに発達します。

　・ギャング・グループ…　小学校中学年に見られる。徒党を組み、仲間意識をもって同じ行動をする。
　・チャム・グループ……　中学生に見られる。共通点をことばで確認し合い、集団の維持を目的とする。
　・ピア・グループ………　高校生に見られる。お互いの違いを認め合い、尊重した付き合いをする。

　中学生時代はチャム・グループが該当し、同調圧力がかかり仲間外れなどにつながりやすい時期です。女子は特に、友人関係で神経をすり減らす時期でしょう。一方、高校生になると、それぞれの違いを尊重することができるようになるため、いわゆる女子の大変さから少しだけ解放される人もいるでしょう。

❹ 不登校

　不登校とは、「何らかの心理的、情緒的、身体的あるいは社会的要因・背景により、登校しないあるいはしたくてもできない状況にあるために年間30日以上欠席した者のうち、病気や経済的な理由による者を除いたもの」とされています（文部科学省、2019）。次のページにある学年別の不登校者数の図を見ると、中学生で多いことがわかります。

学年別不登校児童生徒数

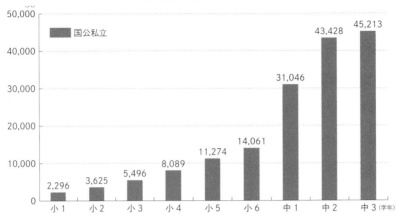

文部科学省「平成 30 年度 児童生徒の問題行動・不登校等生徒指導上の諸課題に関する調査結果について」p.30　2019年

　不登校の原因や背景は様々ですが、研究が進み、いくつかのタイプに整理されています。小学校低学年に見られる母子分離不安タイプ、発達障害による学校不適応タイプなどが見られますが、ここでは青年期の特徴から「いい子の息切れ」タイプの不登校を取りあげます。

　小学校までは何も心配なことが見られず、むしろ頼りになり大人から見ると安心できるようなタイプの子どもが、中学生になり突然不登校になることがあります。それまで明るくいい子でやってきたが、「本当の自分」を探す必要に迫られた。この作業はとてもこころのエネルギーを使うものなので、それまで普通に行ってきた勉強や部活動や友達とのかかわりといった外的な活動をするエネルギーが低下します。その結果としての不登校です。周りの大人は驚き、学校へ行かせようと働きかけますが、まずはこころのエネルギーを回復することが大切です。自分なりにこころの整理ができると、外に向かって活動を再開するようになります。

❺ 青年期の揺れを健全なものにするために必要なこと

　これまで見てきたように、青年期は葛藤を抱えて揺れる時期です。それは発達上、必要なことであり、多くは大人になるにつれて落ち着いていきます。しかし中には、とても揺れが大きく、自分や周囲を傷つけるほどになってしまう子どももいます。たとえば自傷行為を繰り返す、反社会的行動をする、などです。どこまでの揺れなら健全である、と線を引くことは容易ではありませんが、命にかかわることやその後の人生に影響を残してしまうようなことは、避けられるに越したことはありません。では、どのようにしたら健全な揺れに収めることができる

のでしょうか。

　一つの考え方として、青年期以前において、人とのつながりが形成されていることや情緒面が年齢に応じて発達していることが鍵になるといえます。そういう意味で、幼児期にかかわる保育者の役割は重要です。乳幼児期の愛着の重要性に触れた研究を2つ紹介します。

◆乳幼児期からの非認知的能力形成の重要性

　ヘックマンは、乳幼児期における教育の投資が最も効果的だとしました。その結論を導く根拠となったものが、「ペリー就学前計画」という、アメリカで行われた研究です。詳細は省いて簡潔にいうと、幼児教育を受けた子どもとそうでない子どもとを比較した場合に、幼児教育を受けた子どもの方が40歳時点で経済的に安定し社会に適応した幸福な人生を送っている、というものです。幼児教育を受けたことによるIQの違いはありませんでした。このことから、ヘックマンは乳幼児期に非認知的能力を形成することが社会適応につながったのではないかと主張しました。

　では、幼児教育を受けることで、なぜ非認知的能力を形成することができたのでしょうか。遠藤（2018）は、研究対象となった子どもたちは貧困層であり、ちゃんとした養育を家庭では経験できていなかった背景を踏まえ、家庭では十分に経験できなかったアタッチメントを、幼稚園の先生というちゃんとした大人との間に形成できたためではないか、としています。

◆最初の保育者との愛着関係の影響

　ハウズ（1998）の研究では、9歳児の担任教師や友達といった対人関係は、最初の保育者とのアタッチメントと関連することが示されました。最初の保育者との関係性が、その後の対人関係の形成に重要な影響を与えると考えられます。

母親との対人関係、ではないことに注意！

　上記2つの研究結果から、乳幼児期から他者と愛着を結び、非認知的能力を育てることが、子どものその後の対人関係や社会適応に重要であることがいえます。青年期の段階においても、揺れを健全な範囲で収めるためには、それ以前の人とのつながりが大切になるでしょう。乳幼児期にかかわる大人は、生涯発達の観点から子どもの養育、教育にかかわっているという意識が求められるでしょう。

まとめ の ワーク

　子どもが次のような行動を示した場合に、考えられる子どもの心理について、この時期の特徴に基づいて考えてみましょう。

①ミナミ（中学1年生）は、体育の時間に遠くから男子が自分のことを何か言っている気がした。それをきっかけに、教室に入ることが怖くなり、保健室登校をするようになった。

_____

_____

_____

②警察官の父親をもつタケル（中学2年生）の家の教育方針は「世間に迷惑をかけるな」で、タケルはその方針に従って、おとなしくまじめないい子だった。ところが中学2年生の夏休みにタケルがコンビニで万引きしたという連絡が入った。タケルの両親は驚き、自分たちの子育ての何が悪かったのかととても落ち込んだ。

_____

_____

_____

③サヤカ（中学3年生）は、これまで母親と同じ看護師になることを目指していると言っていた。母親は娘が自分と同じ看護師になることを望んでいたので、とても喜んでいた。しかし突然、中学3年生の夏に「もう看護師にはならない」と言いだし、勉強をしないで遊び歩くようになった。いつもイライラしており、親が何を言っても「ほっといて」というだけで話し合いにならないので、母親は困り果てている。

_____

_____

_____

確認テスト

・青年期の発達課題は（①　　　　　　　）の確立である。これこそが自分であると
　いう感覚のことである。

・青年期は前期と後期に分けられ、青年期前期を（②　　　　　　　）という。様々
　なことに悩み、（③　　　　　　　）を抱える。

・大人に対し逆らったり、大人の言うことを無視したりする。この時期は
　（④　　　　　　　）といわれる。

・高校生になると、友達の相違点を認め、お互いに尊重した友達付き合いができ
　るようになる。この時期の友達関係は（⑤　　　　　　　）といわれる。

「いい子の息切れ型」不登校について説明しなさい。

_____

_____

_____

第3章の学び、お疲れさまでした！
青年期のテーマは、しんどく感じる人もいるかもしれませ
ん。自分のことを言われているみたいで恥ずかしかったり、
こころがざわついたり。それはもしかしたら、青年期の課
題にまだ向き合っている証拠かも。ゆっくりでいいので、
自分の青年期の課題が整理できるように、人の話を聞いた
り本を読んだりするといいかもしれません。できれば、自
分のこころの声を一番に聞いてあげましょう。

第3章　青年期の発達

第 **4** 章 　成人期・高齢期の発達

達成目標

　成人期、高齢期の特徴を理解することを通し、子どもを取り巻く大人が抱える発達課題を想像できるようになる。

→ 大人になり年を重ねていくことはどういうことか、人の発達の流れを理解しましょう。

→ 保護者対応に生かす視点を身につけましょう。

重要 キーワード　**説明できるようになりましょう**

①親密性
②世代性
③中年期危機
④流動性知能
⑤結晶性知能

大人ってどんなイメージ？
しっかりしている？　自立している？　なりたくない？
若いころは自分だけは年を取らないような気でいますからねぇ。
成人期から高齢期は酸いも甘いも嚙み分ける、人生の充実期。
しっかり想像力を働かせて考えることで、人間観が深くなる、
はず。

導入のワーク

1.「大人」ということばからイメージされることを自由に書いてみましょう。

_____

_____

_____

_____

2.あなたが「大人だな」と感じる人に、大人になったと思うときやその理由を
　聞いてみましょう。

_____

_____

_____

_____

3.「高齢者」ということばからイメージされることを自由に書いてみましょう。

_____

_____

_____

_____

4.「高齢者」の人が身近にいたら、いまの生きがいや、年齢を重ねて変わって
　きたこと、変わらないことについて聞いてみましょう。

_____

_____

_____

_____

_____

第4章　成人期・高齢期の発達

① 成人期の発達課題

　青年期で自分らしさを模索し、自分なりに社会で生きていく方向性を定めると成人期に入ります。成人期は大人として、職業や家庭での生活を通して社会の一員としての役割を果たしていく時期です。ただし、就労や結婚等のライフイベントには時期や形態の個人差が大きく、個々人によって体験が違ってきます。

◆親密性と世代性

　エリクソンによると、前成人期（おおよそ20～30代）の発達課題は「親密性」です。他者と親密な関係を築くことを意味します。自分を確立した上で、他者と交流し、親密な関係を築く時期です。特定の他者とは特に親密になり、家庭を築くことになる場合もあるでしょう。

　成人期（おおよそ40～50代）になると、発達課題は「世代性」になります。子どもなど次世代を育成することを意味します。自分の子どもだけでなく、職場の後輩や後継者等、幅広く次の世代の子どもや若者たちを教え育てることをさします。社会の中でのポジションが、「育てられる」から「育てる」に移行します。

◆複数の役割

　家庭をもっていれば夫や妻として、親としての役割があります。親がいれば（義理も含め）息子や娘としての役割もあります。職業をもっていれば何かの長など責任あるポジションに就く年代でもあります。多くの人が複数の役割を求められ、それをこなしながら、多忙な日々を送ります。その状態を充実すると感じる人もいれば、負担に感じて疲労している人もいるかもしれません。

◆ダブルケア

　現代は、女性の社会進出が進み、出産年齢が高くなっています。そのため、高齢出産をした人が、自分の子どもの世話と親世代の介護が同時期に重なり、2つのケアに追われることがあります。このことはダブルケアといわれます。そして主な担い手は女性であり、仕事を辞めるなど、それまでの就業状況を変化させなくてはならない場合が男性より多いこともわかっています。ダブルケアには時間的、体力的、経済的、精神的に負担がかかるにもかかわらず、十分なサポートがなされていない現状があります。今後の課題として社会が関心をもつ必要があるでしょう。

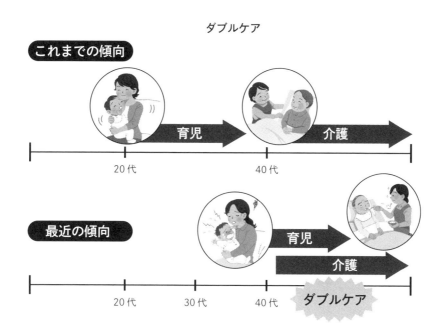

ダブルケア

筆者作成

❷ 中年期危機

　成人期の只中、40代後半〜50代は、心身の変化の時期でもあります。身体的には、多くの人が老化を感じ始めます。体力の低下や、外見の衰え、更年期障害などに直面することで、老い始めた自分への自覚と、それに抗いたい気持ちが生じます。

　心理面では、人生の半ばを迎えることで、これまでの自分の生き方とこれからの自分の生き方を考え始める人がいます。あのとき、もっとああしておけばよかったのではないか。このままで自分の人生が終わっていくのだろうか。人生の残り時間を考えたときに生まれる後悔や焦りのような気持ちに苛まれることがあります。これは「中年期危機」あるいは「中年クライシス」といい、中年期に起こるアイデンティティの再確立の問題です。青年期と同様に、現状の自分と向き合い、どう生きていくかを模索するのです。人によっては転職をしたり、再就職したり、離婚をしたりというように、人生を大きく変革する場合もあります。

❸ 高齢期の発達

　高齢者が何歳以上をさすかは、はっきりとした定義はありません。定年退職の年齢も60歳、65歳と企業等によってまちまちです。医療制度では現在65〜74歳を前期高齢者、75歳以上を後期高齢者としています。74歳までは比較的、心身

の健康が保たれており、活発な社会活動が可能な人が多いといわれています（内閣府、2019）。

　人口に占める高齢者の割合は2018年時点で28.1％です。1994年時点が約14％だったことからもわかるように、わが国では高齢化率が上昇しています（内閣府、2019）。

◆身体的老化

　高齢期の特徴として、身体的な老化があげられます。まず、視力や聴覚といった感覚機能の低下です。筋力や持久力、瞬発力といった運動機能でも低下が見られます。そして記憶力や素早い判断などの認知機能も低下します。こうした機能の低下が、高齢者の生活圏を狭め、刺激が減ることでさらなる機能の低下へとつながることもあります。また、転倒、骨折することで、歩行が困難になったり介護が必要な状態になったりします。

　高齢者の疾患として頭に浮かぶのは、神経認知障害、いわゆる認知症ではないでしょうか。認知症とは、脳が病変し、いったん正常に発達した知能が低下し、日常生活に支障がでている状態をいいます。症状には、記憶障害（物忘れなど）や見当識障害（いまいる場所や人がわからなくなるなど）、理解・判断力の低下などがあります。認知症では多くの場合、介護が必要となります。認知症高齢者の増加が見込まれることから、国は対策として、2015年に「認知症施策推進総合戦略（新オレンジプラン）」を策定しています。

新オレンジプランの7つの柱を調べてみましょう。

◆知能

　では、知能は加齢によってどのように変化するのでしょうか。知能には流動性知能と結晶性知能があります。流動性知能とは、新しい環境に適応したり、素早く情報を処理したりする能力です。結晶性知能とは、これまでの経験を通して学んだことを生かす判断力や、洞察力、コミュニケーション力などです。流動性知能は加齢の影響を受けるといわれています。

加齢による知能の変化

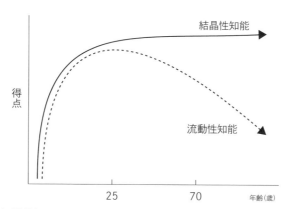

結晶性知能

得点

流動性知能

25　　　　70　　　年齢(歳)

井上雅也「高齢者の心理−知能と痴呆症をめぐって」『日本老年医学会雑誌39巻1号』p.2　2002年

◆精神的成熟

　高齢になるほど情緒は安定し、主観的幸福感は高齢期になって増加することがわかっています。高齢になるほど人生に限りがあることを認識し、短期的に肯定的感情を得ようとする動機づけが高まるからと考えられています。また、人生経験を積み、優れた判断力をもつようになること、自己の限界を知り内省が深まることなどから、高齢期にはこれまでの経験や能力を知恵として統合していくことができるようになると考えられています。成熟した高齢者には、若者に知恵を伝えていく重要な役割があります。

おばあちゃんの知恵袋、のイメージ？

◆サクセスフルエイジング

　近年、「サクセスフルエイジング」ということばがいわれるようになってきました。「幸福な老い」と訳されることもあります。「老化を受け止めつつ、必要な社会的資源を活用し、生きがいをもって社会に役立とうと挑戦している、健康で自立した姿」がイメージ像です。高齢期をネガティブなイメージでとらえるだけでなく、ポジティブなものとしてとらえる。人が自身で幸福な老いを実現できるようにこころがける。それがサクセスフルエイジングの考え方です。健康で自立した姿だけが幸福な老いであり、そうでない老いはサクセスではない、という考え方に直結しないように注意が必要です。

まとめのワーク

　次の事例から、トウマの家庭ではどのようなことが起きているか、保護者の状態をどのように理解するか、この章で学んだ用語を使って考えてみましょう。あわせて、どのような支援ができるか考えてみましょう。

事例

　トウマママ。8年前にお兄ちゃんのソウマが園に通っていたときは、キャリアウーマンな雰囲気で、てきぱきしていました。明るく気さくでよく話す人で、仕事をしながらもきちんと子育てをし、しっかり者の印象でした。

　しかし最近、トウマの持ち物が揃っていなかったり、トウマに落ち着かない様子が見られたりします。保育者はママにトウマのことを伝えようと思いましたが、トウマママに元気がなく、口数も少なく、身なりも構わないように見えるので声をかけにくく感じています。

　たまたま、コウセイママから「トウマくんのお家、トウマくんママのお母さんを引き取られたそうですよ。おばあさんは認知症らしいです。トウマくんママ、お仕事も辞めて在宅介護しているんですって。あんなにお仕事にやりがいを感じていらしたのに…」と情報が入りました。

_____

_____

_____

> 第4章の学び、お疲れさまでした！
> 特に高齢期は遠い先のことのように感じるかもしれませんが、誰もがたどりつく時期です。
> 高齢期は高齢者だけに重要なのではなくて、どう生きてきたのか、どう生きていくのか、青年期から成人期といったそれまでの生き方の集大成、連続したものである視点を忘れずに考えたいものです。
> 年老いて死ぬとき、どんな人生だったと振り返りたいですか。

確認テスト

・エリクソンによる前成人期（おおよそ20〜30代）の発達課題は、他者と親密な関係を築く（①　　　　　　　）である。成人期（おおよそ40〜50代）の発達課題は、次世代を育成する（②　　　　　　　）である。次世代は自分の子どもだけでなく、後継者等、幅広く次の世代の子どもや若者たちを教え育てることをさす。

・自分の子どもの世話と親世代の介護が同時期に重なり、2つのケアに追われることを（③　　　　　　　）という。社会のサポートが必要な課題である。

・知能には2種類ある。新しい環境に適応したり、素早く情報を処理したりする能力である流動性知能と、これまでの経験を通して学んだことを生かす判断力や、洞察力、コミュニケーション力などの結晶性知能である。(④　　　　　　　)は加齢による影響を受ける。

・「老化を受け止めつつ、必要な社会的資源を活用し、生きがいをもって社会に役立とうと挑戦している、健康で自立した姿」というイメージの（⑤　　　　　　　）という概念が生まれ、ポジティブに高齢期を捉える側面もでてきている。

「中年期危機」について説明しなさい。

_____

_____

_____

_____

_____

第4章　成人期・高齢期の発達

MEMO

第II部

家族理解から
支援を考えるの巻

第 **5** 章 家族・家庭の意義と機能

達成目標

家族や家庭の概念、意義と機能について学ぶ。

→ 支援者として家庭をどうとらえたらいいかを考えましょう。

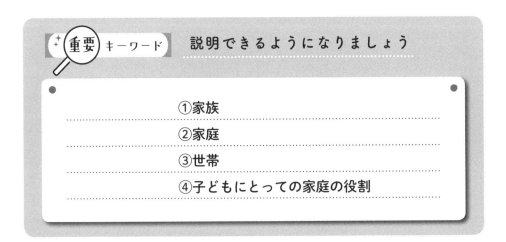

重要 キーワード　説明できるようになりましょう

①家族
②家庭
③世帯
④子どもにとっての家庭の役割

家族、家庭というと、誰でも自分の育った家庭のような家族像、家庭像を思い浮かべるものです。そもそも家族とは、家庭とは何か、突きつめて考えることはなかったかもしれませんが、一度しっかりと整理をしてみましょう。

導入のワーク

「家族」とは何か、「家庭」とは何か、説明してみましょう。

① 「家族」とは何ですか。

_____

_____

_____

_____

_____

_____

_____

_____

_____

② 「家庭」とは何ですか。

_____

_____

_____

_____

_____

_____

_____

_____

_____

解　説

さて、あらためて「家族」「家庭」とは何か、と聞かれると、なかなかことばで説明するのは難しかったのではないでしょうか。ここからはことばでどのように説明できるかを考えながら、その機能や役割について考えていきましょう。

1 家族・家庭・世帯

家族とは何でしょうか。血のつながった人のこと？　では、再婚して血のつながっていない子どもと暮らす人は家族ではないでしょうか。夫婦とその子ども？子どものいない夫婦は家族ではないでしょうか。入籍していない事実婚カップルの場合はどうなるでしょうか。一緒に暮らしている人のこと？　では親方の家に住み込みで働いている弟子は親方と家族でしょうか。単身赴任している父親は一緒に暮らしていないので家族ではないのでしょうか。あるいは人ではなく、かわいがっているペットを家族だという人もいますが、それは間違いなのでしょうか。

> 家族のイメージは一つではなく人によってそれぞれ、
> ということをまずはおさえておきましょう。

このように、家族の定義は難しく、法律上の定義もありません。広辞苑第7版では、「夫婦の配偶関係や親子・兄弟などの血縁関係によって結ばれた親族関係を基礎にして成立する小集団。社会構成の基本単位」と説明されていますが、現代の実態はこの説明では十分ではないことが、先の例からもわかると思います。

では、家庭はどうでしょうか。同じく広辞苑第7版では「夫婦・親子など家族が一緒に生活する集まり。また、家族が生活する所」とされています。家族の定義はさておき、メンバーが生活をし、日常が展開される場を表すと考えられます。

家族というものの定義が難しく、定義によって家庭のとらえ方も変わることから、日本においては「世帯」という概念で、国勢調査などで実態把握がなされてきました。世帯とは、「住居および生計を共にする者の集団」とされています（広辞苑第7版）。厳密には「家庭」と同じ意味ではありませんが、把握のしやすさから、「世帯」を用いて「家庭」をとらえようとしています。

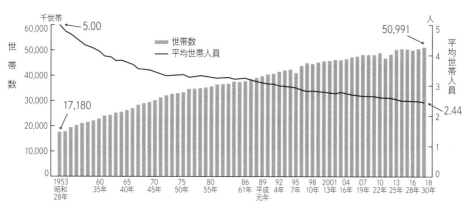

世帯数と平均世帯人員の年次推移

注：1）1995（平成 7）年の数値は、兵庫県を除いたものである。
　　2）2011（平成 23）年の数値は、岩手県、宮城県及び福島県を除いたものである。
　　3）2012（平成 24）年の数値は、福島県を除いたものである。
　　4）2016（平成 28）年の数値は、熊本県を除いたものである。

厚生労働省「平成 30 年度国民生活基礎調査の概況」p.3　2019 年

　上の図からは、世帯を構成する平均人員の数が年々減少していること、世帯の
数は年々増加していることがわかります。このことから、家庭の規模が縮小して
いる傾向が読み取れます。

1970 年と 2010 年の世帯構成

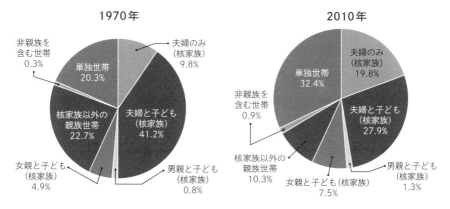

総務省統計局「国勢調査報告」より筆者作成

　またこの図からは、世帯構成が変化してきていることが読み取れます。
　このように、家族や家庭というものは時代によって変化を遂げてきています。
現代では、「血がつながっているか」「誰と生計を共にしているか」といった家族
の形態よりも、「自分は誰と家族であると思っているか」「誰と情緒的に結びつい

ているか」といった、情緒的なつながり、関係性を重視したものへと変化している傾向があります。

❷ 子どもにとっての家庭の役割

家庭の機能（はたらき）の一つに、子どもを育てるという生殖性が挙げられます。子どもは、家庭における日常生活、対人関係を基盤として、発達していきます。子どもが育つ場としての家庭の機能としては、次のことが挙げられます。

①生存と生活の保障の場

子どもに衣食住を提供し、世話をすることで、子どもが生きていくことと暮らしていくことを維持し保障することです。

②情緒的なつながりをもつ場

安心できる、信頼できるといった、人間の基本的な感覚をはぐくむことです。こころの成長を促す上で重要な機能です。

③社会性を獲得する場

社会の規範や価値観、行動様式を学び、社会で生きていくための社会性を身につけます。子どもは家庭の中で大人をモデルにして、他者との関係のもち方、ふるまい方などを学んでいきます。

❸ 家庭の機能の外部化

家庭の機能には、子どもを産み育てる、教育するという機能の他にも、休息や娯楽を楽しむ場、愛情によって結びつく場、経済的調整が行われる場、精神的な安定を得る場などの機能があります。近年、家族の機能が家庭内ではなく外で行われること、つまり社会の専門的な制度にゆだねられていることがあり、これを家庭の機能の外部化（あるいは家庭の機能の社会化）といいます。たとえば介護は高齢者施設に、育児は保育所に、教育は学校や塾に、食事は外食産業によって、サービスが提供されるようになってきています。家庭内での過ごし方も個人化がすすみ、食事を別々にとったり、余暇を個々人で過ごしたりすることも増えています。個人が家族に縛られず自由に身軽になっているととらえることができるのでしょうか。家庭の機能が失われていることを問題視するべきなのでしょうか。そしてそれでもなお家庭の機能として残るもの、求められるものは何でしょうか。今後、社会の基本単位としての家庭、家族のあり方はどのようになっていくのか、私たちは過渡期にいると思われます。

まとめ の ワーク

　次の文章を読み、子どもが育つ場としての家庭の機能を表しているところに線を引き、①生存と発達の保障、②情緒的なつながり、③社会性獲得、のどの機能があてはまるか、番号をつけましょう。そしてCの母親は親子や家族をどうとらえているかも考えてみましょう。

事例

　私の記憶にある「家庭」は、お酒を飲んで吐くか寝ているか暴れるかしている父と、その父を疎ましく思いながらも依存し、奇声を発したりものを投げたりしていた母、その2人の存在をいつも意識しながらも意識の外にはずして、ただただ青空を眺めて時間をつぶしていた、小さいころの自分、の3人の姿でした。

　ただ、毎日毎日「父が怒るのでは」「母が暴れるのでは」と恐怖で過ごしていたわけではありません。少なくとも、最低限の衣食住はまかなわれていました。住むところがなかったら、食べるものがなかったら、もっと生きることそのものが危うかったでしょう。また、たまに笑顔でほめてもらったり、抱きしめてもらったりすることはどうしていいかわからない体験でしたが、いまでも気恥ずかしさとともにうれしい感情が沸き起こります。

　そのころ、友達の家に遊びに行くことがあって、自分の家との違いに驚くことがたくさんありました。家の中ってきれいなんだな、タバコを買いに行かされることってないんだな、お母さんっておやつを作ってくれるんだ、などなど。でも、自分の家との違いを外で言うのは恥ずかしいことというか、言ってはいけないことのような気がしていました。ただ一度だけ、よく遊びに行っていたCちゃんの家で、Cちゃんのお母さんが優しかったので、つい「うちは、お父さんもお母さんも怖くて、私のことが嫌いみたい」と言ってしまったことがあります。Cちゃんのお母さんがどこまで私の家のことを知っていたかはわかりませんが、ちょっと困った顔をして、「子どものことを嫌いな親なんていないよ。血がつながっているんだから」と言いました。いまなら、私を励まそうとしてくれたことがわかるのですが、そのときは何だか絶望感を感じたことを覚えています。

その後いろいろあって－いろいろというのは父が逮捕されたり、母が入院したりで、つまり養育者がいなくなるということがあり－私は養父母に引き取られました。小学校5年生のときです。養父も養母も、本当の親ではない、血のつながりはないのに、とても私をかわいがってくれました。実の両親とは違って、気分でかわいがる、急に機嫌が悪くなる、ということがありませんでした。私が人を傷つけるような言い方をしたときには、本気で叱ってくれました。当初、私にとって「叱られる」ことはそれだけで恐怖でしたが、相手が本気で自分のためを思って言ってくれていることが伝わると、素直に話を聞けるようになりました。だんだん、「こういう言い方はいけないんだな」「相手のことを考えて、次はこういう言い方をすればいいんだな」ということを考えられるようになりました。

Cの母親のとらえ方

_____

_____

_____

_____

_____

_____

・（①　　　　　　）は「血縁関係によって結ばれた親族関係を基礎にして成立する小集団、社会構成の基本単位」と、（②　　　　　　）は「①が生活する所」と、（③　　　　　　）は「住居および生計を共にする者の集団」と説明される。しかし現代では①の多様なあり方が存在し、一つのイメージで定義づけることが難しい。

・現代では①は、形態よりも（④　　　　　）なつながりや（⑤　　　　　　）を重視したものへと変化してきている。

第
5
章

家
族
・
家
庭
の
意
義
と
機
能

　子どもが育つ場としての家庭の機能について説明しなさい。

_____

_____

_____

_____

_____

第5章の学び、お疲れさまでした！
家族の話になると、皆さんも自分の家族のことを思い出し、中にはいろいろと複雑な思いを抱いている方もいるかもしれません。支援者として家族を理解しようとするときは、自分の思いはとりあえず脇に置き、客観的な視点で家族を理解するように努めましょう。

第 **6** 章 親子関係・家族関係の理解

達成目標

家族支援のための理論や技法を理解する。

→ 理論を用いて、家族理解のための視点を身につけましょう。

→ ジェノグラムが書けるようになりましょう。

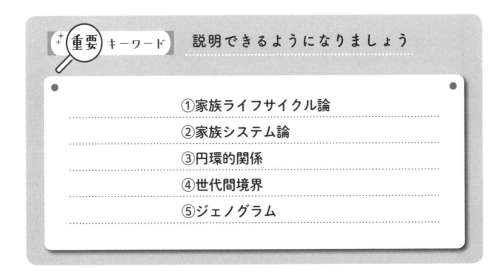

重要 キーワード　説明できるようになりましょう

- ①家族ライフサイクル論
- ②家族システム論
- ③円環的関係
- ④世代間境界
- ⑤ジェノグラム

家族を理解することは難しいですが、理解するための理論があります。家族理解の視点をもつことで多面的に家族を理解できるようになると、一面的に「わかったふう」に家族の誰かを悪者にできなくなります。

導入のワーク

次の場合、誰に原因があり、誰が変わるべき、と考えるでしょうか。

①父親が家庭で過ごす時間が少ないため、母親は育児を一人で担い、ストレスを
　感じている。子どもに八つ当たりしてしまうことが増えている。

_____

_____

_____

_____

_____

②4歳のトモヤは、自分で食べられるにもかかわらず家では母親が食べさせてい
　ることが判明。

_____

_____

_____

_____

_____

③父親不在がちの家庭で、母親は満たされない思いを息子に向けている。溺愛し
　て息子に女の子が近づくことを嫌がる。

_____

_____

_____

_____

_____

第6章　親子関係・家族関係の理解

1 家族を理解するための理論

◆家族ライフサイクル論

　人間の一生にライフサイクルがあるように、家族にも誕生から亡くなるまでの
ライフサイクルがあります。家族にも発達段階があり、各段階で発達課題がある
と考えられています。たとえば子どもが生まれる、子どもが就学するなど家族が
新たな段階に移行するときには家族に変化が起き、場合によっては変化に対応で
きずに危機を迎えることも考えられます。また前の段階での発達段階の積み残し
や未完の変化が、次の段階に持ち越される場合にはより多くの課題を負います
（平木、1998）。ライフサイクルの視点で家族の課題を理解することで、家族の状
態に合わせた支援が可能になります。

家族と個人のライフサイクルと発達課題

	家族システムの発達課題	個人の発達課題
1．家からの巣立ち ：独身の若い成人	源家族からの自己分化	親密性vs孤立 職業における自己確立 経済的自立
2．結婚による両家族の 　　結合：新婚夫婦の時期	夫婦システムの形成 夫婦相互適応性の確立 実家の親との付き合い 子どもをもつ決心	友人関係の再編成
3．幼い子どもを 　　育てる時期	親役割への適応（夫婦連合） 子どもを包含するためのシス テムの調整 実家との新たな関係の確立	世代性vs停滞 第2世代 　基本的信頼vs不信 　自立性vs恥・疑惑 　自主性vs罪悪感 　勤勉さvs劣等感
4．青年期の子どもの 　　いる時期	柔軟な家族境界 中年期の夫婦関係と職業上 の再編成 祖父母世代の世話	第2世代 　同一性確立vs同一性拡散
5．子どもの巣立ちと 　　それにつづく時期	夫婦システムの再編成 成人した子どもとの関係 祖父母世代の老化・死への対処	第2世代 　親密性vs孤立 　（家族ライフサイクルの第一段階）
6．老年期の家族の時期	新たな夫婦の機能・社会的 役割の取得 第2世代が中心的な役割を 取れるよう支持 老年の知恵と経験を包含	統合vs絶望 　配偶者・同胞・仲間の喪失 　への対処 　自分の死への準備 第2世代 　世代性vs停滞

平木典子『家族との心理臨床：初心者のために』p.99　垣内出版　1998年より筆者改変

家族のライフサイクル図

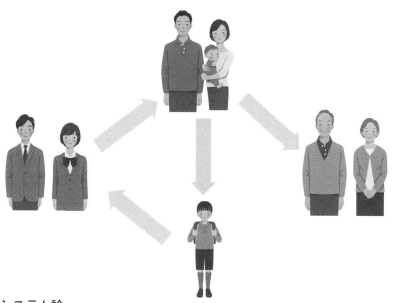

◆家族システム論

　システム論とは、現象をシステム（体系）としてとらえようとする認識論です。

　システムは階層的で、お互いに影響を及ぼし合うことが特徴です。一個人の発したことが社会に影響を及ぼす、社会制度が変わることで一個人の生活に影響がある、などがその例です。家族システム論とは家族を一つのまとまりをもったシステムとしてとらえる考え方です。

　たとえば次の事例を読んだとき、誰に原因があると考えるでしょうか。

　事例　**父親の不在が母親の育児ストレスに**

　父親が家庭で過ごす時間が少ないため、母親は育児を一人で担い、ストレスを感じている。子どもに八つ当たりしてしまうことが増えている。

　母親の状況や気持ちを考えると、父親が早く帰ってきて、育児を担うべき、と考えるかもしれません。それでは次の文章を読んだらどうでしょうか。

　事例　**父親の不在が母親の育児ストレスに**

　父親が家庭で過ごす時間が少ないため、母親は育児を一人で担い、ストレ

第6章　親子関係・家族関係の理解

スを感じている。子どもに八つ当たりしてしまうことが増えている。父親は
その状況をよくわかっており、できるだけ早く帰ろうとしている。しかし父
親は早く帰りたくても、父親の部署は残業しないと業務が成立しない状況に
なっている。その背景には、社会が不景気であり父親の勤める会社も余裕が
ない状況にあることが挙げられる。妻子のために仕事を失うわけにいかない
父親は、必死で働いている。

　単純に、父親の責任を追及すればすむことではないことがわかるかと思います。
このようにシステム論では、個人に焦点をあてるのではなく、個人を含むシステ
ムに焦点をあてて理解しようとします。
　家族はお互いに影響を及ぼし合います。子どもに心配な行動が見られる場合に、
子ども本人へのかかわりだけでなく、家族のメンバー（父、祖母など）の行動が
変化することで、子どもに影響が出ることはよく見られることです。それは家族
メンバーの言動が悪かったから、ということではなく、周囲の人の変化に影響を
受けて、近くにいる人が変化するのがシステムでは当然のことだからです。

兄ががんばっている姿を見て弟もがんばるようになる、母
の病気をきっかけに父が早く帰宅して家事をやり子どもも
落ち着くなど、家族メンバーの変化がお互いに影響し合い
ます。

◆円環的関係
　家族に起きている現象、問題をどのようにとらえ、理解することができるでしょ
うか。家族システム論で家族を理解しようとするとき、誰か個人のせいで問題
が起きている、とは考えず、相互に影響を及ぼし合って問題が維持されている、
と考えます。前者のように原因→結果と直線的に考えることを「直線的因果律」
といい、後者のように円環的なパターンで考えることを「円環的因果律」といい
ます。そして円環的なパターンが成立している関係性のことを円環的関係といい
ます。

> **事例　トモヤママは過保護**
>
> 　4歳のトモヤは、自分で食べられるにもかかわらず家では母親が食べさせていることが判明。園では「トモヤくんママって過保護よね」「だからトモヤくんはいつまでも甘えん坊なのでは？」と評価している。

　事例では、親の過保護→トモヤの甘え、と理解しています。しかし、次の文章ではどうでしょうか。

> **事例　トモヤママは過保護**
>
> 　トモヤは、家ではとても甘えが激しい。トモヤの母親は、もう4歳なのだから自分でできることは自分でできるようにと考えているが、「どうしても食べさせて！」と言ってきかないトモヤに根負けし、ご飯を食べさせている。そうしないといつまでもご飯がすすまず、他の家事にも影響がでてしまうためである。自分の母親や姉から「あなたが甘えさせるからダメなのよ」と言われるたび、「本当は私だってやりたくないのに…」とうんざりしている。

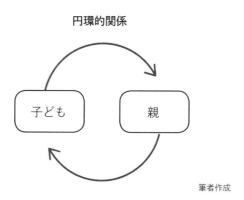

円環的関係

筆者作成

　親が過保護だから子どもが甘える、という直線的な関係ではなく、子どもが甘えるので親が手をかけざるを得ない、という逆方向の流れも存在し、円環的に関係が維持されていることがわかります。家族システム論の考え方を身につけることは、単純に誰かを悪者にして責めれば解決するのではない、という視点を与えてくれます。

第6章　親子関係・家族関係の理解

◆世代間境界

　家族システム論では、家族という全体としてのシステムの他に、「夫婦」「きょうだい」「親子」といった下位システムがあります。この下位システムを区切る抽象的な概念が「境界」であり、家族の相互作用のあり方で決まっていきます。この境界が明確かつ柔軟で、それぞれの下位システムの役割が果たされていると家族の健康度が高いと考えられます。反対に、境界が曖昧で、子どもが親役割を取らざるを得ない、片方の親と子どもの一人が密着や連合しているなどの場合、子どもに問題行動が見られることがあります。

　　　事例　　**息子を溺愛する母親**

　　父親不在がちの家庭で、母親は満たされない思いを息子に向けている。溺愛して息子に女の子が近づくことを嫌がる。

世代間境界

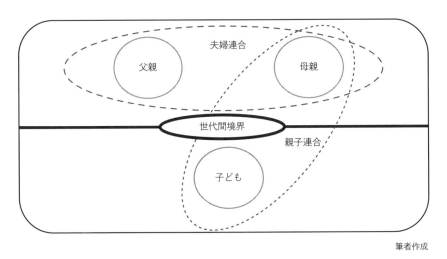

筆者作成

　夫婦（父母）と子どもたちの世代間の境界が明確でなく、親子で連合が起きている場合には、単に親子連合を解こうとするだけでなく、夫婦連合の働きかけが必要な場合があります。また、たとえば母親とその親との関係性など、多世代にわたる境界のあり方から理解しようとすることが必要な場合もあります。

② ジェノグラム

　家族を理解するための家族図として、ジェノグラムがあります。複雑な家族の環境が視覚的にわかりやすくなるので、事例検討会などで使用されています。家族メンバーの性別や年齢、家族構成、同居の有無、離婚や異母きょうだいなどの情報を書き入れます。

〈**書き方例**〉

1）性別　　　　　□男性　　○女性

2）相談対象者　　◎

3）死亡　　　　　⊠　　⊗

4）婚姻関係　　　□─○

5）離婚　　　　　□─╱╱─○

6）きょうだい　　□─┬─○
　　　　　　　　　　□　○

7）同居家族　　　▭

　次のジェノグラムから、3歳男児の同居している家族を読み取りましょう。

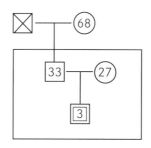

まとめ の ワーク

ジェノグラムを書いてみましょう。

①リナ（4歳・女児）に心配な行動が見られる。リナの家族は40歳の父親と32歳の母親、10歳の兄と1歳の妹である。

_____

_____

_____

_____

_____

②心配な行動が見られるリクト（4歳・男児）のことで関係者が会議を行う。リクトは、父親（27歳）、母親（37歳）、妹（2歳）、母方の祖父（67歳）と同居している。母方の祖母は死亡している。母親には前夫（42歳）との間に17歳の息子がいたが、前夫が引き取っている。

_____

_____

_____

_____

_____

第6章の学び、お疲れさまでした！
理論の理解は難しかったと思いますが、家族支援というのはそれだけ難しいものなのです。多面的な視点をもつことで、家族の味方になりやすくなる、重要な学習になります。

・人間の一生にライフサイクルがあるように、家族にも誕生から亡くなるまでの
　（①　　　　　　　）がある。

・（②　　　　　　　）とは、家族を一つのまとまりをもったシステムとしてとらえ
　る考え方である。

・下位システムを区切る抽象的な概念を（③　　　　　　　）という。夫婦（父母）
　と子どもたちの（④　　　　　　　）は明確である方がよい。

・家族を理解するための家族図に（⑤　　　　　　　）がある。

　円環的関係とはどのようなことをさすかを説明し、その視点を身につけること
の利点について述べなさい。

_____

_____

_____

_____

第6章　親子関係・家族関係の理解

第 7 章　子育てを取り巻く社会的状況

達成目標

子育てを取り巻く社会的状況について学び、現代の子育てを深く考察する。

→ 社会的状況から子ども、子育てがどのように影響を受けているかを考えましょう。

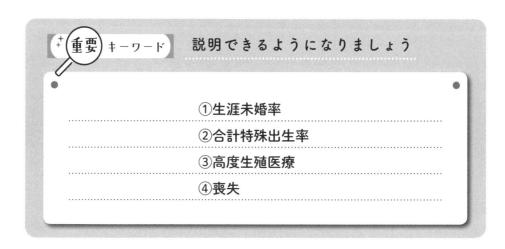

【重要】キーワード　説明できるようになりましょう

①生涯未婚率

②合計特殊出生率

③高度生殖医療

④喪失

一人の子どもが生まれ育つことには、その子が生まれ育つ社会の状況が直接的、間接的に影響しています。子育てに関する社会的なテーマについて学び、広い視野で子どもや家庭をとらえられるようになりましょう。

導入のワーク

次の図表からどのようなことが読み取れるか考えてみましょう。

図表1　平均初婚年数の年次推移

	夫	妻
	歳	歳
平成 7 年	28.5	26.3
17	29.8	28.0
25	30.9	29.3
26	31.1	29.4
27	31.1	29.4
28	31.1	29.4
29	31.1	29.4

注：各届出年に結婚生活に入ったもの。
厚生労働省「平成29（2017）年人口動態統計月報年計」p.15　2017年

図表2　生涯未婚率の推移

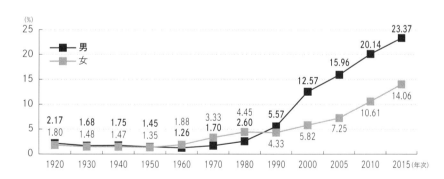

注：45～49歳と50～54歳における率の平均値。このうち、50歳時の未婚割合は生涯未婚率とも呼ばれる。
総務省統計局「国税調査報告」より算出し、筆者作成

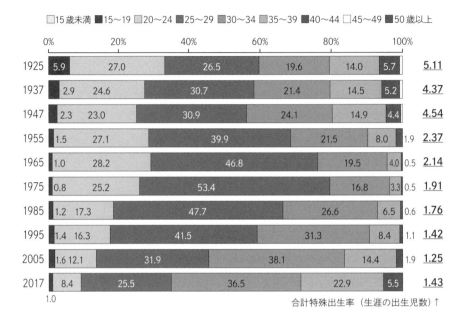

図表3　母親の年齢別に見た出生数の割合

□15歳未満 ■15〜19 □20〜24 ■25〜29 □30〜34 □35〜39 ■40〜44 □45〜49 ■50歳以上

年							合計特殊出生率
1925	5.9	27.0	26.5	19.6	14.0	5.7	**5.11**
1937	2.9	24.6	30.7	21.4	14.5	5.2	**4.37**
1947	2.3	23.0	30.9	24.1	14.9	4.4	**4.54**
1955	1.5	27.1	39.9	21.5	8.0	1.9	**2.37**
1965	1.0	28.2	46.8	19.5	4.0	0.5	**2.14**
1975	0.8	25.2	53.4	16.8	3.3	0.5	**1.91**
1985	1.2	17.3	47.7	26.6	6.5	0.6	**1.76**
1995	1.4	16.3	41.5	31.3	8.4	1.1	**1.42**
2005	1.6	12.1	31.9	38.1	14.4	1.9	**1.25**
2017	8.4	25.5	36.5	22.9	5.5		**1.43**

1.0　　　　　　　　　　　　　　　　　　　合計特殊出生率（生涯の出生児数）↑

(注) 15歳未満、45〜49歳、50歳以上の数値表示は省略（2017年は、それぞれ、0.0%、0.2%、0.0%）
(資料) 厚労省「人口動態統計」、社会保障・人口問題研究所「人口統計資料集2006」

社会実情データ図録　http://honkawa2.sakura.ne.jp/1535.html（2020年8月19日閲覧）

図表4　合計特殊出生率

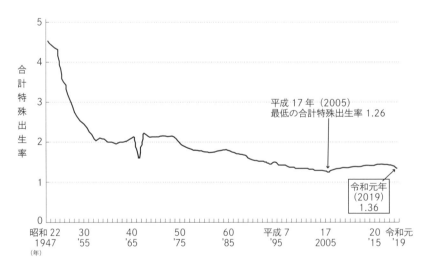

厚生生労働省「令和元年（2019）人口動態統計月報年計（概数）の概況」p.4　2020年より筆者作成

解　説

❶ 晩婚化・非婚化

　図表1から、平均初婚年齢が年々上昇していることがわかります。初婚年齢が高くなっている背景には、高学歴化や経済的理由が考えられます。男女ともに学生期間が長いと、就職する年齢があがりますし、就職して数年はまだ経済的に余裕がないことから、初婚年齢があがると考えられます。また、図表2からは、50歳時点での未婚率である生涯未婚率も年々上昇していることがわかります。その背景には、非正規雇用者の増加など経済的な理由や、ライフコースの多様化により必ずしも結婚を選択しない人が増加していることなどが考えられます。こうした晩婚化や非婚化が、出産年齢の上昇や出生率の低下にも影響を与えています。

❷ 出産・子育て

　図表3から、出産年齢が上昇していることがわかります。その背景には、先に挙げた晩婚化の影響があると考えられます。また図表4からは、出生率の低下がわかります。晩婚化、晩産化がすすむと一人の女性が一生のうちに出産する子どもの平均数、すなわち合計特殊出生率が減る傾向にあります。現在、わが国は少子化が社会問題になっています。しかし子どもを産み育てることは個人の指向や意識、努力の問題だけでなく、子育てと仕事との両立が難しい、子育てにお金がかかる等、複数の問題が絡んでいることです。女性だけにその原因を求めることはできません。また、社会の問題と個人の価値観は分けて考えられるべきです。

❸ 高度生殖医療

　高度生殖医療とは、進歩している生殖補助技術によって妊娠、出産を目指す医療のことです。体外で受精を行い子宮に戻す体外受精などをさします。

　たとえば、次のページの図を見ると、2017年では体外受精で生まれた子どもは56,617人で、これはその年の全出生児の約5.9%にあたります。16〜17人に1人が高度生殖医療によって誕生していることになります。クラスに1〜2人、体外受精で生まれた子どもがいると考えれば、決して珍しいことではないとわかるでしょう。

第7章　子育てを取り巻く社会的状況

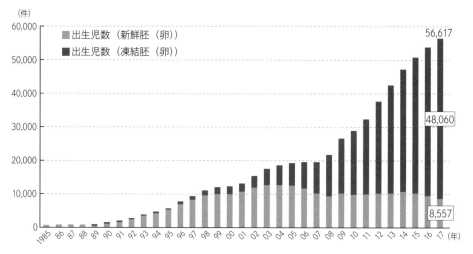

日本の体外受精による出生児数の推移

内閣府「第2回選択する未来2.0参考資料」p.20　2020年

◆生殖医療に伴う苦しみ

　医学が進歩し、生殖に関しても医療の力を借りることが珍しくなくなりました。一方で生殖医療には、特に女性に様々な負担がかかるものです。

①身体的負担…ホルモン治療や処置に伴う苦痛、痛みがあります。

②経済的負担…1回の体外受精では30～50万ほど費用がかかります。しかも1回で成功するとは限りません。

③周囲の無理解…「子どもを"つくる"なんて自然の摂理に反する」と意見する人がいたり、不妊治療のために仕事を休みづらい環境があったりします。

④孤立化…誰にでも話せる話ではないため、つらい気持ちや悩みを一人で抱えることが多いです。また、子どもをもつ友人に会いたくなくなったり、人に会うと子どものことを言われるのではないかと閉じこもったりする人もいます。

⑤将来への不安…人によっては治療が長期間にわたり、子どもが授かるかどうかわからないまま時間を過ごさなくてはなりません。また、子どもを授かったとしても、子どもが成長した後に健康面などで何も影響がないのか、現時点ではまだ正確なデータがでていません。

④ 喪失

　大切なものを失うこと、あるいは自分にとって価値あるものが手に入らないこと、これを喪失といいます。そのとき人は、こころに穴が開いたような空虚感を

抱きます。また、悲しみや後悔や諦められない気持ち、自分や誰かを責めたくなる気持ちなど、いろいろな感情を同時に抱きます。子育てに関する喪失として、子どもをもてなかった場合と子どもを失う場合を取りあげます。

◆子どものいない人生に直面する場合

　子どもがいない人がすべて喪失を感じているか、というと必ずしもそうではありません。中には自分の人生設計として子どもをもたない人、あるいは結果として子どもをもっていないが、その人生を受け入れている人もいます。一方で、身体的理由や経済的理由などにより望んでいても子どもをもてなかった人がいます。自分にとって価値を感じているものが手に入らない、理想としている生き方を失うことから、大きな喪失感を感じる人もいます。

◆子どもを失う経験に直面する場合

　周産期や新生児期に、死産や疾患などで子どもを亡くした人もいますし、成長してからの病気や事故や災害などで、子どもを亡くした人もいます。

　誕生直前に赤ちゃんが胎内で亡くなった。赤ちゃんの写真も遺骨も手放せない。街中の妊婦を見ると「皆も不幸になればいいのに」と思ってしまい、そんな自分を責める。人形に生まれてくる予定だった子の名前を付けて呼ぶが、むなしい。
⇒２人目の子どもが欲しいと思う反面、亡くした子どもに悪いような気がする。
⇒１年後、命日は嫌なので誕生日として祝う。
⇒次の子どもが誕生。「生まれ変わり」と思っていたけどやっぱり違う子だった。周囲は「おめでとう」ばかり。誰も亡くなった子のことを話さないから、かえって自分は思い出す。

宇野知子「赤ちゃんの死をめぐって　特集 母と子：周産期と乳幼児期への心理援助」
『臨床心理学』第6号　pp.750-754　金剛出版　2006年より筆者改変

　喪失に伴う感情はとても苦しいものですが、時間をかけて本人が受け入れ、別の生き方を模索していくしかないものです。たとえば、子どもがいない人生を受け入れて何か打ち込むことを見つける、養子を迎え入れる、などです。本人がそのことについて話をしたいと思ったときに誰か話を聞いてくれる人がいることは、こころの回復に重要です。しかし、安易な慰めや励ましはかえって本人を追い詰めたり傷つけたりするので注意が必要です。

　また、保育者として出会う保護者は、その子どもを授かり育てる前に、人には言わないいろいろな体験や思いを抱えているかもしれず、それが子育てに影響しているかもしれません。それをすべて把握することはできず、また必要がないの

に探ることは決して許されることではありません。しかし保育者に、子育てに関して様々な思いを抱えた人に思いをはせられる態度があると、保護者に信頼される要因になるかもしれません。

> 人は、口にださなくてもこころの奥に痛みを
> 抱えていることがあります。

子どもを亡くされた方に接する時に

東京都福祉保健局

かわいい子どもを失うという体験は、両親にとっても、誰にとっても耐えがたい深い悲しいできごとです。
そんな深い悲しみの中にいるご両親に、どうしたらいいのかわからずに、腫れ物にさわるように接してしまうかもしれません。
しかし、その深い悲しみの中にあるご両親に対する、ちょっとした思いやりのある暖かい言葉によって、そのご両親が、新しいスタートをきるきっかけとなるのです。

ご両親を慰めようとして、「早く忘れなさい」「もう1人子どもがいるのだからいいじゃない」「早く次の子どもをつくったら」などと言わないでください。
亡くなったお子さんは、家族の一員であり、かけがえのない存在なのです。

悲しいときの表現の仕方や悲しみを乗り越えるまでの時間は、人それぞれです。
泣くことも否定せず、「思い切り泣いてよい」という言葉かけなどで、両親の気持ちは素直になれます。
また、「いつまでも悲しんでいると子どもが成仏できない」などと言わないで下さい。
お子さんの死を受け入れ、悲しみを乗り越えるには長い時間が必要なこともあるのです。

悲しみのあまり、両親が日常の家事ができないことがあります。
そんな時は、家事や育児を手伝ってあげることも大きな助けとなります。
ご両親が悲しみから立ち直ることを信じてじっと待っていてくれる人の存在は、何よりの力になります。

東京都福祉保健局ホームページ「子どもを亡くされた方に接する時に」
https://www.fukushihoken.metro.tokyo.lg.jp/kodomo/kosodate/kodomo.html
（2020年8月20日閲覧）

まとめのワーク

　次の記事とその要約を読んで、感じたことや社会が取り組むべきことについて考えてみましょう。

> 「生涯子どもがいない女性」は今後3割に
>
> 　生涯で一度も子どもを産まない女性たちは、増えています。国立社会保障・人口問題研究所が昨年4月に公表したデータによると、1955年生まれ（現在62〜63歳）で子どもがいない女性は12.6％だったのに対し、1970年生まれ（現在47〜48歳）では28.2％と倍以上になっています。今後の合計特殊出生率が1.4程度で推移していけば、女性全体のうちの3割は子どもがいない人生を歩むことになります。
>
> 　なぜ、女性たちは子どもを産まないのでしょう。
>
> 　私が今回の取材で感じたのは、「子どもは欲しくない」という強い意思よりも、さまざまな事情が絡み合って子どもを持たなかったケースが意外と多いかもしれないということです。
>
> 　それをデータで裏付けたのは、昨年12月出版の「誰も教えてくれなかった子どものいない人生の歩き方」（主婦の友社）の著者、くどうみやこさん（50）です。
>
> 　28〜61歳の85人（平均年齢42.2歳）に「子どもを持たない理由」を複数回答で尋ねたところ、1位は「タイミングを逃した」で34.1％でした。2位「病気による体の事情」（29.4％）、3位「育てる自信がないから」（24.7％）と続き、「最初から子どもは持たないと決めていた」は8.2％で、12ある選択肢の中では最も低くなっています。

①タイミングを逃した

　「少子化と聞くと、ごめんなさいって思う。人間がなすべき大きな仕事をやらなかった感はありますから」

　女性が子どもを持つことにちゅうちょしたのは、15年前に結婚した直後から続いた、義母の〝産め圧力〟でした。「とてもワンマンな人で、夫の実家へ行くたびに『子どもはまだ？』とせっついてくるんです。最初は笑ってごまかしていました」。ある日、義母が女性の実家へ電話をかけて「うちの息子は子ども好き。○○さんが嫌がってるの？」と探りを入れていたことが判明します。

　「子どもを産んだら、義母はもっと私たちの家庭に介入してくる。これ以上親

密になりたくないので、子作りは棚上げしました」。数年後、30代半ばになった夫婦は互いの意思を確かめ、「自然にできたら産もう」という結論にいたります。

　そんな折、世界経済を揺るがすリーマン・ショックが発生。女性の職場では、同僚が上司から会議室に呼び出された後、自席に戻るなり荷物をまとめて出ていく事態が相次ぎました。容赦のないリストラで社員の2割がクビを切られ、産休を取っていた同僚の女性が復職できないケースも。

　「当時は女性だけの部署で、誰かが『もし今1人でも産休に入ったら私は辞める。そのしわ寄せで、これ以上仕事が増えたら耐えられないから』と言い出したんです。妊娠について話すことがためらわれ、子どもが欲しいと前向きに考えられる空気ではなかった」

②病気による身体の事情

　くどうさんは31歳で結婚後、フリーランスで情報発信サイトを立ち上げ、運営してきました。妊娠したことはなく、仕事の忙しさもあって出産問題は先送りしていた42歳の時、子宮がんが発覚、手術で全摘します。

　「『産まない』ではなく『産めない』と決まった瞬間、身動きできないほど後悔しました」

　落ち込みから回復しつつあるなかで、自分と同じ子どものいない女性を応援する「マダネ　プロジェクト」を発足。そこで産めなかった女性たちのこころの傷の深さ、それを口にできず悲しみ続けていること、しかし普段は平気なふりをしている実態に驚いたそうです。

③育てる自信がないから

　夫はがんサバイバーで、私は31歳の時、彼が抗がん剤治療前に採取した凍結精子を用いて体外受精に2回挑みました。でも妊娠できず、不妊治療は中断しています。

　その理由は、当時再発を繰り返していた夫がもし他界したら、私一人で仕事と子育てを両立する自信がなかったから。

　当時はまだ多くの女性が「働くか」「産むか」の二者択一を迫られ、重い病気のパートナーと生きる私に、仕事を辞める選択肢はありませんでした。

　夫と過ごす何の変哲もない日々が一番大切で、子どもを欲しいと強く望まなかったのです。

　ところが昨秋、突然「子どもを産めなかった私はとても可哀想だったのではないか」という強い後悔に見舞われました。閉経が近づくなかでの一時的な感情の揺れのようでしたが、このことばをそのまま夫にぶつけてしまい、あとで自己嫌悪に陥りました。

　「女性は子どもを産んでこそ幸せ」という刷り込みは、私の無意識の中にも根強くあると実感しました。

　17年12月に新書「『子なし』のリアル」（幻冬舎メディアコンサルティング）を出版した50代前半の奥平紗実さんは、子どもがいない人をフランス語由来の「ノン・ファン（Non Enfant）」（子どものいない人）という造語で呼ぼうと提案しています。

　おしゃれなニュアンスで響きも明るい上、直接的な表現でないために、当事者も、それ以外の人も気まずい思いをしなくてすむのではないか、といいます。

　奥平さんは40代での結婚を機に長年の勤務先を辞め、夫が住む街で専業主婦として暮らし始めました。しかし平日昼、ベビーカーを押す母親の姿が目に入ってくると肩身が狭く、カルチャーセンターでは「お子さんはおいくつ？」と当然のように聞かれ、いたたまれなかったと言います。「地域コミュニティーは子持ちが前提。子どもがいないことは悪いことではないし、正直に伝えていいはずなのに、言いにくいと感じ、居場所を失ってしまう」

　今回、私が取材を申し込んだ人からのお断りの理由に「産まなかった自分の選択に向き合うのには、まだ時間がかかる」というものがありました。専門知識を携えて国内外を飛び回る活躍ぶりからは想像しにくい、意外な告白でした。同時に私は「なぜ産まなかったのか」という質問自体が配慮に欠け、子どものいない当事者たちを傷つける可能性があることを教えられました。

With news 2018年7月5日
「「子どもがいない人生」歩む　充実してるけど…後悔で気づく刷り込み」より筆者一部抜粋・改変
https://withnews.jp/article/f0180705002qq000000000000000W08110101qq000017621A
（2020年8月19日閲覧）

第7章の学び、お疲れさまでした！
「みんな違ってみんないい」、あなたは本当に、
「多様な生き方」を認めていますか？

確認 テスト

・わが国では、初婚年齢が上昇し（①　　　　　　　　）の傾向がある。

・また、50歳時点での未婚率である（②　　　　　　　　）も増加し、結婚しない
　（③　　　　　　　　）の傾向もある。

・一人の女性が一生のうちに出産する子どもの平均数を（④　　　　　　　　）という。

・（⑤　　　　　　　　）とは、進歩している生殖補助技術によって妊娠、出産を目
　指す医療のことである。

　喪失とは何かを説明し、喪失を体験している人への対応について述べなさい。

_____

_____

_____

_____

_____

MEMO

第 **8** 章 ライフコースと仕事・子育て

達成目標

ライフコースの概念を学ぶ。

⟶ ライフコースの観点から、保護者理解、保護者支援について考えましょう。

⟶ 保護者対応に生かす視点を身につけましょう。

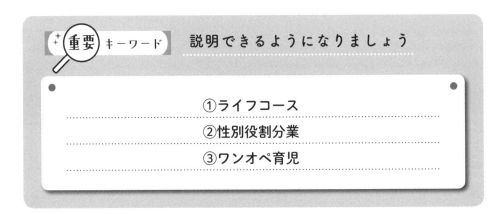

重要 キーワード **説明できるようになりましょう**

①ライフコース

②性別役割分業

③ワンオペ育児

あなたが出会う保護者も、保護者としてだけ存在しているわけではなく、自分の人生を生きている人です。ライフコースと親としての発達という観点から、保護者の人生を理解するよう努めてみましょう。

導入のワーク

　近くにいる人とペアで、ディベートをやってみましょう。どちらの立場で意見を言うかは、自分の考えで選ばず、じゃんけんで勝ったら左、負けたら右の意見の立場に立つことにしましょう。ディベートの勝敗は、相手が反論をだせなくなるほどに自分の意見を述べられたら勝ち、です。

Fight1.　結婚する　VS　結婚しない　こっちの方が幸せよ！合戦

_____

_____

_____

_____

_____

Fight2.　子育てする　VS　子どもをもたない　こっちの方が大変よ！合戦

_____

_____

_____

_____

_____

Fight3.　家事育児専念　VS　ワーキングマザー　こっちの方がいいわよ！合戦

_____

_____

_____

_____

_____

第8章　ライフコースと仕事・子育て

❶ ライフコース

　私たちは、それぞれ違った人生を歩んでいます。それぞれに出会う人も、経験した出来事も、これから選択して進んでいく道も異なります。そうした人生の歩み、「個々人がたどる人生の道筋」のことを「ライフコース」といいます。岩上（2013）は、ライフコースは個人のたえざる「選択」の積み重ねの過程ですが、何を選択しているかというと「役割」である、としています。たとえば妻という役割や母という役割を取得するかしないか、という選択が繰り返されて、個々人のライフコースとなっていくということです。

◆女性のライフコース

　人生における選択により体験することに個人差が生じます。特に女性のライフコースは、選択が多岐にわたることで、複雑になります。

現代女性のライフコースの木

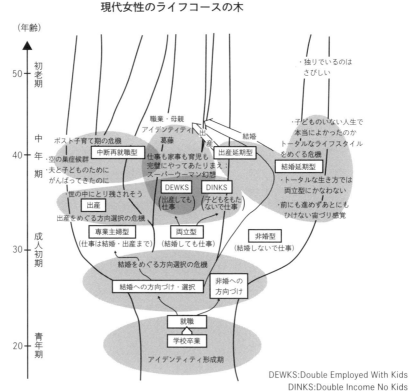

DEWKS:Double Employed With Kids
DINKS:Double Income No Kids

岡本祐子・松下美和子（編）『新・女性のためのライフサイクル心理学』p.13　福村出版　2002年より筆者一部改変

　ライフコースの多様化には時代が強く影響しています。たとえば高度経済成長期（1960年代）の女性は、25歳までに結婚して、結婚か出産を機に退職し、専業主婦になり子ども2人を育てることが平均的なライフコースでした。しかし1986年に男女雇用機会均等法が施行されるなど女性が社会で働くことがすすむと、仕事をすることは家計のためではなく、自己実現と考える人が増加します。そして仕事がライフコースの中心におかれ結婚や出産を必ずしも選択しなくてもよい、という流れがでてきます。

　2015年の出生動向基本調査の結果を見てみましょう。この調査では、次の5つのコースで調査を行っています。

・専業主婦コース…結婚し子どもをもち、結婚あるいは出産の機会に退職し、その後は仕事をもたない
・再就職コース…結婚し子どもをもつが、結婚あるいは出産の機会にいったん退職し、子育て後に再び仕事をもつ
・両立コース…結婚し子どもをもつが、仕事も一生続ける
・DINKS（Double Income No Kids）コース…結婚するが子どもはもたず、仕事を一生続ける
・非婚就業コース…結婚せず、仕事を一生続ける

　この調査では、理想とするライフコース「理想ライフコース」と実際になりそうだと考えるライフコース「予定ライフコース」としてたずねています。また男性には、パートナーとなる女性に望むライフコースをたずねています。

　調査によると「未婚女性が理想とするライフコース（理想ライフコース）は1990年代に専業主婦コースが減少したが、その後は両立コースが緩やかな増加傾向にある。実際になりそうだと考えるライフコース（予定ライフコース）では、専業主婦コースの減少が現在まで続いており、今回は7.5％となった。また、これにかわって両立コースおよび非婚就業コースの増加傾向が続いており、非婚就業コースは21.0％と今回初めて2割を上回った。未婚男性がパートナーとなる女性に望むコースでも、女性の予定ライフコースと同様に専業主婦コースが減少し、両立コースが増加する傾向が続いている。専業主婦を望む人が1割（10.1％）に減少する一方で、両立コースを望む人は2000年前後にこれを逆転し、今回は33.9％となった」となっています（国立社会保障・人口問題研究所、2017）。

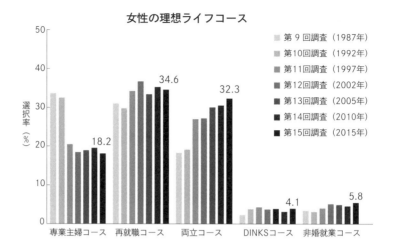

女性の理想ライフコース

凡例:
第 9 回調査（1987年）
第10回調査（1992年）
第11回調査（1997年）
第12回調査（2002年）
第13回調査（2005年）
第14回調査（2010年）
第15回調査（2015年）

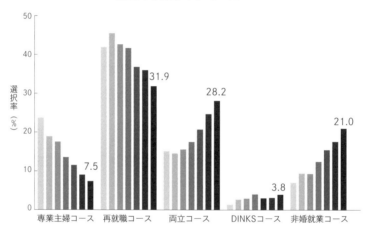

女性の予定ライフコース

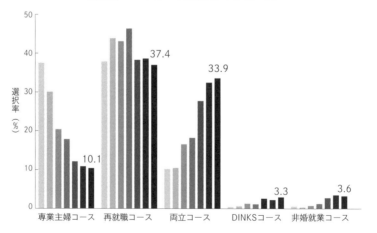

男性がパートナーに望むライフコース

注：対象は18〜34歳の未婚者。その他および不詳の割合は省略。調査別の客体数（男性、女性）：第9回(2,605、3,299)、第10回(3,647、4,215)、第11回(3,612、3,982)、第12回(3,494、3,897)、第13回(3,064、3,139)、第14回(3,406、3,667)、第15回(2,705、2,570)。

（設問）
女性の理想ライフコース：（第9〜10回調査）「現実の人生と切りはなして、あなたの理想とする人生はどのようなタイプですか」、（第11〜15回調査）「あなたの理想とする人生はどのタイプですか」。
女性の予定ライフコース：（第9〜10回調査）「これまでを振り返った上で、実際になりそうなあなたの人生はどのようなタイプですか」（第11〜15回調査）「理想は理想として、実際になりそうなあなたの人生はどのタイプですか」。
男性がパートナー（女性）に望むライフコース：（第9〜12回調査）「女性にはどのようなタイプの人生を送ってほしいと思いますか」、（第13〜15回調査）「パートナー（あるいは妻）となる女性にはどのようなタイプの人生を送ってほしいと思いますか」。

国立社会保障・人口問題研究所「2015年 社会保障・人口問題基本調査（結婚と出産に関する基本調査）
現代日本の結婚と出産：第15回出生動向基本調査（独身者調査ならびに夫婦調査報告書」p.29 2017年

◆男性のライフコース

　女性に比べて男性は、ライフコースの選択肢に幅がありません。基本的には学校を卒業した後就業し、定年まで仕事をもち続けることが標準的なライフコースです。とはいえ、2000年代以降、経済的な不況の影響で「非正規雇用」が増加したことなどから収入格差が生じたこと、また正規雇用であってもいつ職を失うかもわからないというリスクから、定年までの就業が絶対ではなくなってきた傾向があることは変化といえるでしょう。

どのライフコースの選択にも優劣はなく、尊重されるべきものです。

❷ ライフコースの中の仕事・子育て

◆性別役割分業

　女性の社会進出がすすみ、結婚して子どもをもっても就業している女性が増加している一方で、家庭内で家事・育児を実際に担っているのは女性であるという現状があります。次ページの図にある通り、日本の6歳未満の子どもをもつ夫婦における、夫の家事・育児関連時間は一日あたり83分となっており、調査対象国の中で最低水準となっています。

6歳未満の子どもをもつ夫婦の家事・育児関連時間（1日あたり、国際比較）

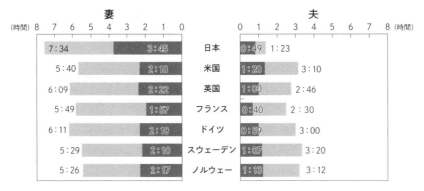

（備考）1. 総務省「社会生活基本調査」（平成28年）、Bureau of Labor Statistics of the U.S. "American Time Use Survey"（2016）及びEurostat "How Europeans Spend Their Time Everyday.Life or Women and Men"（2014）より作成。
2. 日本の値は、「夫婦と子供の世帯」に限定した夫と妻の1日当たりの「家事」,「介護・看護」,「育児」及び「買い物」の合計時間（週全体平均）。

内閣府男女共同参画局「男女共同参画白書 平成30年度版」
http://www.gender.go.jp/about_danjo/whitepaper/h30/zentai/html/zuhyo/zuhyo01-03-08.html（2020年8月19日閲覧）

「夫は外で働き、妻は家庭をまもるべきである」という考え方に関する意識の変化

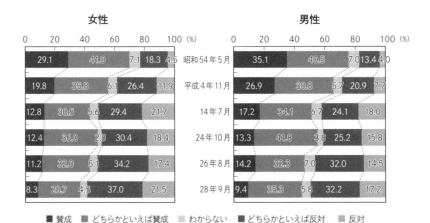

（備考）1. 内閣府「婦人に関する世論調査」（昭和54年）,「男女平等に関する世論調査」（平成4年）,「男女共同参画社会に関する世論調査」（平成14年，24年，28年）及び「女性の活躍推進に関する世論調査」（平成26年）より作成。
2. 平成26年以前の調査は20歳以上の者が対象。28年の調査は、18歳以上の者が対象。

内閣府男女共同参画局「男女共同参画白書 平成30年度版」
http://www.gender.go.jp/about_danjo/whitepaper/h30/zentai/html/zuhyo/zuhyo01-03-05.html（2020年8月19日閲覧）

　この現状の背景としてあるのが、「男は外で仕事、女は内で家事・育児」という性別役割分業の考え方であると考えられます。「夫は外で働き、妻は家庭を守るべきである」という考え方に関する意識の変化では、「どちらかといえば」を含む「賛成」は減少してきているものの未だ30〜40％台となっています。家事・育児の現実的な負担だけでなく、伝統的な性役割観からくる精神的な圧も、女性にはのしかかっていることが想像されます。家事・育児を女性が一人作業（ワンオペレーション）で担うことを表す「ワンオペ育児」ということばも生まれました。藤田（2017）は、専業主婦は孤独を感じながら、シングルマザーを含む働く母親は仕事、家事、育児の重い負担を抱えながらのワンオペ育児の過酷な毎日について触れ、「自己責任」の考え方が氾濫していることとの関連を述べています。つまり、育児は母親や家族の責任でするものであり、人に頼ることは甘えているという風潮があるということです。

◆ライフコースの多様化に伴う葛藤

　ライフコースの選択肢が増えることは、新たな葛藤を生みだす要因にもなり得ます。選択肢が多いことは人にとって迷いが生じることにつながりますし、どのような生き方をしても自分の責任であると見なされるようになるからです。

　また、ライフコースの選択に多様性が認められてきたとはいえ、実際には自分の思う通りに決められるわけではありません。たとえば結婚を例に取ってみても、社会情勢によって経済的な状況が影響を受け、経済的な状況が整わないと結婚できない、また専業主婦を望んでいても結婚相手が共働きを望むなど、様々な要因が絡み合います。理想と現実のギャップ、あるいは理想そのものが揺らぎ、自分の生き方を見失うときもあるかもしれません。

　さらに、そのような迷いを抱いたときに、参考となるライフコースモデルを見出しにくいのも現代の特徴です。女性の場合、たとえば家事と育児で大変さを抱えていても、母親など上の世代の人は専業主婦だった人が多く、大変さをわかってもらえない。あるいは自分が母親にそうされたように、自分も子どもにもっとゆとりをもって接したいが、毎日の生活に追われ子どもに向き合えていない不安がある。男性の場合、たとえば育児に携わるのは当然だと考えているが、自分自身は仕事ばかりしていた父親と遊んだ記憶がなく、どのようにしたらいいかわからない。あるいは父親など上の世代から「男が育児のために仕事を休むなんて」というプレッシャーを感じる、など。

　保護者支援を考える際、現代を生きる父親、母親が自身のライフコース選択に

伴う葛藤を抱いていないか、モデル不在により迷いや不安を生じていないか、といった観点で理解しようとすることも必要です。

> 親だから当然こうしてほしい、を押しつけず、どのような価値観をもち、何に苦しんでいるかに耳を傾けましょう。

❸ 親としての育ち

　ライフコースの様々な選択肢の中で、子どもをもつことは大きな分岐点の一つです。親になることは子どもが生まれた瞬間に完成するわけではなく、子育ての経験を通して親自身もまた親として発達していくと考えられます。親になることにより心理的にどのように発達するのか、研究が積み重ねられてきています。

　柏木・若松（1994）は、「親になって成長した」と単にいわれることが、様々な面にわたる人格的な発達であることを明らかにしています。

「親となる」ことによる発達

柔軟さ	角がとれて丸くなった 考え方が柔軟になった 他人に対して寛大になった
自己制御	他人の迷惑にならないように心がけるようになった 自分の欲しいものなどが我慢できるようになった 他人の立場や気持ちを汲み取るようになった
視野の広がり	日本や世界の将来について関心が増した 環境問題（大気汚染・食品公害など）に関心が増した 児童福祉や教育問題に関心をもつようになった
運命・信仰・伝統の受容	物事を運命だと受け入れるようになった 運や巡りあわせを考えるようになった 常識やしきたりを考えるようになった
生き甲斐・存在感	生きている張りが増した 長生きしなければと思うようになった 自分がなくてはならない存在だと思えるようになった
自己の強さ	多少他の人と摩擦があっても自分の主義は通すようになった 自分の立場や考え方はちゃんと主張しなければと思うようになった 物事に積極的になった

柏木恵子・若松素子「「親となる」ことによる人格発達：生涯発達的視点から親を研究する試み」『発達心理学研究』第5巻第1号　pp.72-83　1994年より筆者作成

　森下・岩立（2009）は、特に父親の発達に焦点をあてています。幼稚園の子どもをもつ父親を対象に調査し、子どもの誕生による父親の発達的変化を自己領域と関係性領域からとらえています。

子どもの誕生による父親の発達的変化

領域	カテゴリー	エピソード例
自己	自己の強さ	忍耐強くなった。我慢できるようになった。寛大になった。
	自己意識の時間的・空間的広がり	自分の親が自分をどのように育ててくれたのか考えるようになった。
	仕事に対する意識・態度の変化	仕事に対して前向きに考えるようになった。会社の中でもリーダーシップをとるようになった。
	精神的ゆとりの減少	自分の趣味・娯楽の時間が減った。経済的な余裕がなくなった。
	親としての自己意識の芽生え	親の気持ち、想いが分かってきて共感できるようになった。
	生きることへの充実・喜び	仕事をやり遂げたときの達成感や充実感と比べようもないほどの人生における充実感を実感することができるようになった。
関係性	家族に対する心情・態度の変化	家族に対する責任感が増した。家族に対する愛情が深まった。
	家族以外の他者への心情・態度の変化	家族以外の人（会社の上司・部下）に対しても優しくなった。
	子どもに対する心情・態度の変化	子ども好きになった。子どもをかわいいと思うようになった。
	社会に対する態度の変化	自分たちは次世代を育成する立場だと思うようになった。

森下葉子・岩立京子「子どもの誕生による父親の発達的変化」『東京学芸大学紀要　総合教育科学系』60　pp.9-18
2009 年より筆者作成

　一人として同じ子どもはいないこと、また子どもの発達段階に応じて子どもへのかかわりは変化することから、親としての迷いや試行錯誤、そして発達はずっと続くと考えられます。子どもへの適切なかかわり方を学ぶための「ペアレントトレーニング」が様々なところで開催されています。また、「親の会」として親同士が交流したり学び合ったりする場があります。保護者から相談があったとき、必要に応じて紹介できるとよいでしょう。

第8章
ライフコースと仕事・子育て

まとめ の ワーク

①自分のライフコースを描いてみましょう。

②子どもをもっている周囲の人に、「父親、母親になって自分が変化したところ」
「子育てについて抱く感情」について聞いてみましょう。

第8章の学び、お疲れさまでした！
人生いろいろ、どのライフコースを選んでもきっとそ
こにはそのライフコースなりの充実感や大変さがある
のでしょう。自分は何を一番大切にしていくかを自分
でわかっておくこと、選択したら腹をくくってやって
いくこと、が大切なのかもしれません。

確認テスト

・「個々人がたどる人生の道筋」のことを（①　　　　　）という。個人のたえ
　ざる（②　　　　　）の「選択」の積み重ねの過程である。

・「男は外で仕事、女は内で家事・育児」という（③　　　　　）が残っており、
　特に女性に影響を及ぼしている。

・家事・育児を女性が一人作業で担うことを表す（④　　　　　）ということば
　も生まれた。

・ライフコースの多様化により（⑤　　　　　）も生まれている。

　ライフコースの観点から保護者支援を考える際に必要なことを説明しなさい。

_____

_____

_____

_____

_____

第8章　ライフコースと仕事・子育て

MEMO

第Ⅲ部

多様な家族への
支援を考えるの巻

第**9**章　多様な家族の現状

達成目標

多様化する家族の有り様について学び、多様性という視点から家族支援を考える。

→ それぞれの家族に対する留意点や子どもの心理を学び、支援につなげましょう。

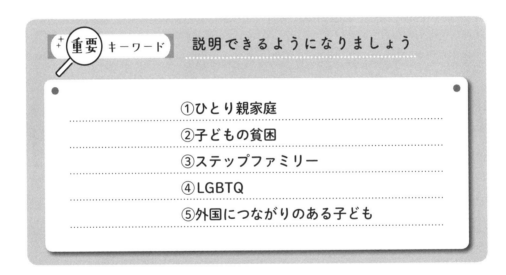

重要 キーワード　**説明できるようになりましょう**

①ひとり親家庭

②子どもの貧困

③ステップファミリー

④LGBTQ

⑤外国につながりのある子ども

「いろいろな家族がいる」「いろいろな家庭がある」の「いろいろ」を、何となくわかった気になるのではなく、具体的にイメージできるようになりましょう。

導入のワーク

　次の文章は、『いろいろ いろんな かぞくのほん』からの抜粋です。あなたが子どもにこの絵本を読むとして、絵本を読んだ後にどんな話を続けるか、何を伝えるか、考えてみましょう。

「かぞくのかたち」
おとうさん、おかあさんと　くらしてる　こどもが　おおいけど、
おとうさん　だけの　いえ、おかあさん　だけの　いえも　ある。
どっちも　いなくて、おじいちゃん、おばあちゃんと　くらしてる　こも。
おかあさんが　ふたりの　いえ、おとうさんが　ふたりの　いえも　ある。
「ようし」や「さとご」として、かぞくに　むかえられる　こも　いる。

「きみのかぞくにはだれがいる」
きょうだいが　たくさん　いる　ひとも　いる。
それに、おじさん、おばさんや—
—いとこたち、
それから、おじいちゃん、おばあちゃん、ひいおじいちゃんや
ひいおばあちゃんまで　いる　ひとも。
だけど、ちいさくたって、かぞくは　かぞく。
ふたりっきりでも　かぞくだよ。

メアリ・ホフマン（文）、ロス・アスクィス（絵）、杉本詠美（訳）
『いろいろ いろんな かぞくのほん』少年写真新聞社　2018年

解　説

❶ 家族の多様性

どの家族にもそれぞれの有り様があり、それぞれの物語があります。類型化、一般化することはできませんが、一方でそれぞれの家族の抱える背景、事情ごとに、特有なテーマがあるともいえます。事実婚、夫婦別姓、ひとり親家庭、同性カップルのパートナーシップ、ステップファミリー、養子縁組など、現代は特に家族の有り様に多様性があります。ここでは、それぞれ特有な背景とそうした背景がある場合の子どもへの心理的影響について考えてみましょう。

❷ ひとり親家庭

ひとり親家庭とは、一人で20歳未満の子どもを育てている家庭です。シングルマザーといわれる母と未成年の子からなる母子家庭、シングルファーザーといわれる父と未成年の子からなる父子家庭があります。ひとり親になる理由には、死別、離婚、未婚（始めから婚姻関係を結ばずに子をもつ）が挙げられますが、最も多い（約80％）のは離婚です（厚生労働省、2020）。

◆離婚の場合の子どもへの心理的影響

親の離婚そのものが子どもにすべて悪影響であるとは限りません。たとえば夫婦喧嘩が絶えず、両親が怒鳴り合っている環境で過ごしているよりも、離婚して穏やかになった親と暮らす方が精神的に落ち着く、という場合も考えられるからです。しかし親の離婚によって子どもに心理的影響がでる場合もあります。

①環境の変化に伴う負担

親の離婚によって、引っ越しや転校をせざるを得ない場合には、環境の変化に伴う心理的負担が生じます。新しい環境に馴染むまでは、前の環境の方がよかったと感じることがあるため、「離婚がなかったらここに来なくてもよかったのに」と理不尽な思いを抱くことも考えられます。苗字の変更がある場合も子どもには負担になります。また、シングルマザーになることで経済的に余裕がなくなると、以前のようにものを買うことができないなど、我慢をしなくてはならないことが増えることもあるでしょう。

②罪悪感

子どもは「自分が悪い子だったから」親が離婚したと考える傾向があります。

年齢が低いと子どもはまだ周囲のことを広い視点で見ることができず、自分と結びつけて考えてしまう思考の傾向があるからです。思春期になると、別の罪悪感を抱くこともあります。それは一緒に暮らしている親ではない方の親に似てくる自分への罪悪感です。たとえば離婚の原因になったのは父親で、母親はとても父親を嫌っているというような場合に、自分が成長するにつれ父親に似てくることを気にして母親に申し訳ないとか、父親に似てくる自分を忌み嫌うような気持ちになることが考えられます。

③見捨てられ感

　一緒に暮らしていない方の親に対し、親が自分を捨ててでて行ったというように、見捨てられたような気持ちになることがあります。

④親密性への恐れ

　青年期から成人期になると、親の離婚を経験している子どもは、異性と親しくなることに恐れがあり他者と距離をおいて付き合う傾向があります（野口・櫻井、2009）。他者が自分を受け入れてくれるかどうかの不安の強さがあったり、親を通して獲得した異性観が影響して親しくなることに抵抗があったりすることが考えられます。

『ココ、きみのせいじゃない：はなれてくらす
ことになるママとパパと子どものための絵本』
（太郎次郎社エディダス、2004）オススメ！

◆**子どもの貧困との関連**

　貧困には絶対的貧困と相対的貧困があります。絶対的貧困とは、アフリカの飢餓のように、食べるものもなく医療も受けられないといった最低限の暮らしを営むことが難しい状態をさします。相対的貧困とは、暮らしてはいけるが、最低限の生活に必要なこと以外には経済的な余裕がない状態をさします。それにより同世代の多くが経験していることを経験することができなくなり、たとえば修学旅行に行くことや部活動に入部することを断念する、塾や習い事に行くことができず進学を断念する、などにつながります。日本における2018年の子どもの貧困率は13.5％で、7人に1人が該当します（内閣府、2020）。

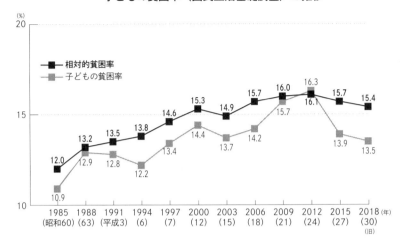

子どもの貧困率（国民生活基礎調査）の推移

注：1) 1994（平成6）年の数値は、兵庫県を除いたものである。
　　2) 2015（平成27）年の数値は、熊本県を除いたものである。
　　3) 貧困率は、OECDの作成基準に基づいて算出している。

厚生労働省「2019年国民生活基礎調査の概況」p.14　2020年より筆者作成

　母子家庭ではパート就業が多く、平均年間就労収入は231.1万円です。2018年のひとり親家庭の相対的貧困率は48.1％と高い水準です（厚生労働省、2020）。貧困により、子どもは様々な機会をはく奪されることになり、それが自己肯定感や自己効力感の低下につながるといわれています。

❸ ステップファミリー

　ステップファミリーとは、血のつながらない親子関係が含まれている家庭のことをいいます（勝見、2014）。どちらか一方、あるいは双方に前の結婚でもうけた子どもがいる場合や、あるいは結婚歴がなく出産し子育てをしてきたシングルマザーが新たなパートナーと家庭を築く場合などが含まれます（小榮住、2020）。

◆ステップファミリーの子どもの心理

　ステップファミリーであると子どもに必ず悪影響がある、というわけではありませんが、家族の変容は子どもにとっても重要な体験であるため、様々な気持ちが生まれることは十分に考えられます。

①新しい親への葛藤

　新しい親に対して急に「親」と認識できるわけではなく、少し距離感を感じたり、遠慮したりする気持ちになります。中には、以前の親が担っていた役割を取られた、自分が親を守る存在と考えていたのにその役割を取られた気持ちがして、

ステップファミリー

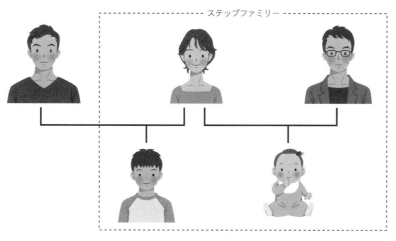

筆者作成

新しい親に対して複雑な思いを抱く子どももいます。また、離れた親との思い出を語ったり、離れた親に会いたいという気持ちをもったりすることが新しい親に申し訳ないと感じることもあります。

②離れた親への葛藤

　一方で、新しい家族に馴染んでいくにつれ離れた親のことを思い出さなくなること、離れた親がいなくても生活が進んでいくことに関して、離れた親に申し訳ないと感じる子どももいます。離れた親が自分を見捨てた、離婚する原因をつくった離れた親に対するネガティブな感情を抱くこともあります。

③実の親への葛藤

　実の親の再婚について決して反対するわけでなくとも、「自分（子ども）よりも親が男として女としての自分自身を優先した」感じがすることがあります。

④疎外感

　きょうだいは馴染めているのに自分だけ馴染めない場合や、再婚後に下にきょうだいが生まれた場合などに、新しい家族に自分が溶け込めていない疎外感を感じることがあります。新しい家庭は「親と再婚相手のもの」であり、自分はその家庭に住んでいるだけと感じることもあります。

『ステップキンと７つの家族』
（太郎次郎社エディダス、2006）オススメ！

第9章

多様な家族の現状

➍ LGBTQ

　性別、というと生まれたときから決まっている一つのもの、と考える人が多いかもしれません。性別には身体の性、こころの性、好きになる性、装う性があり、単純に一つで表せるものではないのです。LGBTQとは、セクシャルマイノリティーの人々を総称することばです。これまではLGBTといわれることが多く、Lesbian（レズビアン）、Gay（ゲイ）、Bisexual（バイセクシャル）、Transgender（トランスジェンダー）の頭文字を取っています。しかしセクシャルマイノリティーはこの4つだけではありません。たとえば「自分の性別がわからない、決めていない」Questioning（クエスチョニング）など、性のあり方は他にも様々なタイプがあります。そうしたことから近年ではLGBTQやLGBTsと表現されることがあります。

主なセクシャルマイノリティー

L：レズビアン	女性の同性愛者（女性で恋愛対象が女性）
G：ゲイ	男性の同性愛者（男性で恋愛対象が男性）
B：バイセクシャル	両性愛者（好きになれば性別は関係ない）
T：トランスジェンダー	性別違和（身体の性とこころの性が不一致）
Q：クエスチョニング	自分の性別がわからない、決めていない

◆LGBTQ家族に関する留意点

　養子縁組、代理母出産、過去の異性との間に授かった子どもを育てているなど、LGBTQの当事者が養育者として子どもを育てている場合があります。偏見や無理解から配慮のない言動をしないようにしたいものです。

　何よりも、ジェンダーに関して「当たり前」「普通」という感覚で話をしない、決めつけないことが大切です。たとえば男の子だから持ち物の色は青であるとか、お遊戯会でお姫様役は必ず女の子がやるものであると「当たり前」に思っていないでしょうか。結婚は男と女でするものであり、家にはパパとママがいることが「普通」と思っていないか、自らの価値観を振り返っておくことが必要でしょう。

『タンタンタンゴはパパふたり』
（ポット出版、2008）オススメ！

⑤ 外国につながりのある家族

　近年、在留外国人の家族、国際結婚の家族、日本国籍であっても長期の海外生活を経験してきた家族など、外国につながりのある家族が増えてきています。日本で暮らし始めてからの期間や、このまま日本で暮らすのか、また外国で暮らすことになるのかなどの今後の予定、異なる言語や生活習慣への適応力など、一口に外国につながりのある家族といっても、その背景はそれぞれです。

◆外国につながりのある家族に関する留意点

①ことばの理解への支援

　日本語をどの程度習得しているかによって、支援も異なります。まったく日本語がわからない場合、日常会話で聞く、話すことはできる場合、読み書きも平仮名ならできる場合などです。園では、トイレや水道場などを多言語やマークで表示する、おたよりにルビをふる、保護者懇談会など重要な会合のときは通訳を依頼するなど、その子どもや家族に合わせた支援が行われています。

②文化の違いへの配慮

　欠席のときに園に連絡を入れることや、行事のときに遅刻しないで時間を守ることなど、日本では当たり前と思われていることも、多文化では当たり前ではないこともあります。丁寧な事前説明が必要です。また、宗教上の理由で食べ物に制限がある場合もあります。丁寧な聞き取りと、写真で献立を示すなどの配慮が必要でしょう。

③アイデンティティの尊重

　母国や母語に対するアイデンティティを強く抱いていることが多いです。日本に永住するつもりがない、日本語を使わなくても家庭では困っていないなどの理由で、日本語を習得することに消極的な家庭もあります。日本語の使用を強制したり、母語を禁止したりすることは避けなくてはなりません。

第9章

多様な家族の現状

まとめ の ワーク

それぞれのテーマに対し、どのような支援があるか調べてみましょう（政策、制度、相談場所など）。

テーマ	支援
ひとり親家庭	
子どもの貧困	
ステップファミリー	
LGBTQ	
外国につながりのある家族	

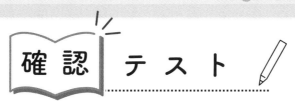

確認テスト

・一人で20歳未満の子どもを育てている家庭を（①　　　　　　）という。①になる理由で最も多いのが（②　　　　　　）である。

・日本における2018年の子どもの貧困率は13.5％で、（③　　　　　　）人に1人が該当する。

・血のつながらない親子関係が含まれている家庭のことを（④　　　　　　）という。

・（⑤　　　　　　）とは、セクシャルマイノリティーの人々を総称することばである。

外国につながりのある家族に関する留意点について説明しなさい。

_____

_____

_____

_____

第9章の学び、お疲れさまでした！
多様な家族を見てきましたが、すべての家庭に必ず支援が必要、というわけではありません。ひとり親家庭でも外国につながりのある家庭でも、たくましく幸せに暮らしている家庭もあります。共通する特徴は把握しつつ、個々の家庭をしっかり理解するようにしましょう。

第9章　多様な家族の現状

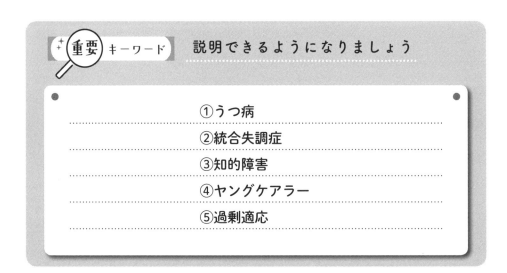

第10章 配慮を要する家庭①
～保護者の疾患や障害～

達成目標

疾患や障害を抱えた保護者が子どもに与える影響と、子どもと保護者への支援を理解する。

→ それぞれの家族に対する留意点や子どもの心理を学び、支援につなげましょう。

重要キーワード　説明できるようになりましょう

①うつ病

②統合失調症

③知的障害

④ヤングケアラー

⑤過剰適応

保護者に疾患や障害がある場合に、家庭の中でどのような営みがなされているか、想像してみてください。日常のご飯やしつけはどうなっているか、子どもはどのような経験をしているか、あるいはできていないか。その想像が、思いやりや支援の内容につながっていくことでしょう。

導入のワーク

「精神疾患のある保護者の子育て」

　キキ（6歳・男児）のママは、精神疾患を抱えながら子どもを育てています。キキのママにインタビューをしました。内容を読み、感じたことや、保育者としてできる支援について考えてみましょう。

ス　ギ： 精神疾患を抱えながら子どもをもつということに対して、どのような気持ちがありましたか。

キキ母： 主治医に「子どもがほしいんです」と相談したところ「でも育てられないでしょ？」と言われたのが印象に残っています。そうか、私には無理なのか、と考えさせられました。夫は「2人での生活を楽しく過ごせばいい」と言ってくれましたが、本当は『子どもがほしい人』だったので、「何とかそれを叶えてあげたい」という気持ちがありました。

ス　ギ： どのように対処されましたか。

キキ母： 保育園や両方の両親の助けを借りてどうにか育てていけないだろうかと、夫と話し合いを何度もしました。

ス　ギ： 疾患を抱えながら子どもをもつということに関して、周囲の人の意見や反応はいかがでしたか。

キキ母： 両方の両親に子づくりする前にカミングアウトして「子どもがほしいが、どうしても皆さんの助けが必要です。子どもを産んでもよいですか？」と協力を得られるかどうかの確認をしました。義父は楽観的で「そんなのいくらでも世話してやる」と協力的なことを言っていたのですが、実際に実家に預けても実働は義母がやっています。義母は私の病気に対して偏見をもっているように感じました。それで私の母に「どうしたらいいでしょう？」と相談してきましたが、私の母は「2人が決めたことでしたら私は協力するしかないです」と言ってくれました。

第10章
配慮を要する家庭①〜保護者の疾患や障害〜

スギ：偏見というと？

キキ母：身体障害や知的障害の方のバザーとかには足しげく通って作品を買って支援したりするのに、精神疾患は別物、みたいな偏見です。「人様に言えないわ」「知っている人に話さないで」みたいなことでしょうか。

スギ：実際に子育てする上で、疾患と関連して困ったこと、大変だったことは具体的にどんなことですか。

キキ母：自分の具合が悪いときに子どもの相手をしてあげられなくて、一人遊びができるようになったころからは、ソファに寝ながら時々遊んでいる様子を見て休んでいました。また、感情が激しくなってしまい、夫との喧嘩を子どもの前でしてしまい、怖がらせてしまった失敗があります。

スギ：園でしてもらった支援、ことばがけなどで助かったことがあれば、それはどんなことでしょうか。

キキ母：保育園には疾患のことを直接は話さなかったのですが、先生方は暗黙で了解してくれていたようです。「お母さんがんばらなくていいですよ」と言っていただいたこともありました。また、本来なら当日に『早朝保育』や『延長保育を夜まで頼む』のは難しい感じがあったのに、私の場合は「具合が悪いので預かってください」と言うといつも快く預かってくれ、送迎は夫が行ってくれていました。保育園は卒乳からオムツ卒業、パンツ練習すべてをやってくれて、大変助かりました！保育園万歳です！

感じたこと

_____

_____

_____

保育者ができる支援

_____

_____

_____

_____

解　　説

① 保護者に精神疾患がある場合

◆うつ病

うつ病とは、気分の落ち込みや意欲・興味の減退、不眠や食欲不振が見られる状態が続き、死にたい気持ちを抱えたり自殺を企図したりすることもある疾患です。倦怠感が激しいため、日常生活を送ることに支障が出ます。病状が重いときは入院も必要ですし、在宅であっても一日中横になっていることがあります。回復期であっても、多くのことを時間通りにこなすことや、人とかかわることが負担になることが多いです。そのため、子どもを時間通りに送迎できない、子どもの持ち物を揃えることができない、子どもの要求や感情に適切に対応できないことが考えられます。

◆統合失調症

統合失調症は、「思考や行動、感情を1つの目的に沿ってまとめていく能力、すなわち統合する能力が長期間にわたって低下し、その経過中にある種の幻覚、妄想、ひどくまとまりのない行動が見られる病態」(日本精神神経学会、2015) です。健康なときにはなかった状態が出る陽性症状 (幻覚、妄想など) と、健康なときにできていたことが失われる陰性症状 (意欲低下など) があります。

①幻覚がある。実際にはない声や音が聞こえる幻聴が最も多い。本人への悪口や監視する声が聞こえるなどで、苦痛を感じる。
②妄想がある。あり得ない内容を確信している。誰かに自分が狙われている、自分の考えが抜き取られてテレビで話されているなどの被害妄想が見られる。
③思考や行動にまとまりがない。
④意欲が低下し、身なりにかまわない、何もしない。感情の平板化が見られる。

これらの症状のために、対人関係や、自己管理などの日常生活に支障をきたします。自分が病気であるという病識がないため、治療につながらないことがあります。

激しい陽性症状があると、子どもが恐怖を感じるなど不安定になることが考えられます。

精神疾患を抱えながら子育てをすることは相当の負担があります。園では保護者にも負荷をかけすぎないよう、声かけや、配慮をしたりできるとよいでしょう。

❷ 保護者に障害がある場合

◆知的障害

知的障害とは「知的機能の障害が発達期（おおむね18歳まで）にあらわれ、日常生活に支障が生じているため、何らかの特別の援助を必要とする状態にあるもの」（厚生労働省）とされています。つまり、同年代の人に比べて記憶力や思考力に遅れがあり、生活能力やコミュニケーション力など日常生活を送る上で支援が必要な状態です。障害の程度によって軽度から最重度まで分類されます。

保護者に知的障害がある場合、日常生活において子どもに細やかな世話ができないことが考えられます。たとえば子どもの成長に合わせてご飯を作ることの難しさや、子どもの安全や健康に注意することの難しさなどが挙げられます。保健師や生活支援ワーカーによる支援が入っていることもありますが、子育てや子どもへの支援に関しては保育者も重要な役割を果たします。

保護者に対しては、具体的でわかりやすい伝え方が必要です。「愛情をもって育てて」と抽象的に伝えるより、「子どもと一緒にこんな遊びをしてみたらどうでしょうか」「頑張った日は○○ちゃんの好きなものをおかずにして一緒に食べる、というほめ方もありますよ」「泣いたときには慌てず、理由を聞くのは泣きやんでからでも大丈夫ですよ」など、どうしたらいいかわかる行動で伝えるとよいでしょう。子どもの行動を、なぜそうなったのか説明することも支援になります。園生活で必要なものを用意する場合は写真つきで説明する、書類の記入例をつける、などの配慮も必要です。

子どもの中には、十分な養育を受けられないために、ことばや発達全般に遅れがある場合もあります。そのため、園生活でことば豊かにかかわり、様々な体験ができるようにすることが支援になるでしょう。

❸ 配慮を要する家庭の子どもの心理と支援

子どもが保護者の状態をどのようにとらえているかは、年齢や保護者の状態像によっても変わります。保護者が妄想で落ち着かなくなっているときは、子どもも安心して過ごせないかもしれません。うつ状態で寝てばかりいるときは寂しい思いをしているかもしれません。

『家族のこころの病気を子どもに伝える絵本』シリーズ（ゆまに書房）オススメ！

　保護者が知的障害で子どもに知的な遅れがない場合、子どもが他の家と自分の家の違いに気づき、自分がしっかりしなくてはと感じるかもしれません。どのような場合でも子どもは親を気づかい、親に心配をかけないようにすることが多いでしょう。

　近年、「ヤングケアラー」ということばがいわれるようになりました。家族のケアに従事し、大人が負うような役割を果たしている18歳未満の子どものことです。家族メンバーに疾患や障害があるとき、皆が協力して役割を果たすことは必要です。しかし、保護者に疾患や障害がある場合に子どもが親役割を取り、大人のような責任を負うほどになると、子どもの心理的適応に影響がでる心配があります。一例として、過剰適応が挙げられます。過剰適応とは「行き過ぎた適応」のことで、自分の欲求を抑圧しても周囲からの要求や期待にこたえる努力をすることをいいます。過剰適応の子どもは一見、いい子で問題がなく思われますが、心の中ではストレスを抱えていることがわかっています。また、心理的影響だけでなく、家事などに時間を取られることにより不登校や学業不振につながることがあり、子どもが外とのつながりを失い孤立していくことも懸念されます。

　子どもの年齢に応じて、わかるように保護者の状態（病気である、子どものせいではないなど）を伝えることや、子ども自身の話をよく聞いてあげることが大切です。また、公的機関や福祉制度など地域資源の活用をすることで、家庭内だけで抱えることがないように支援することが重要です。園では、子どもの様子を注意深く観察することや、子どもが保育者と安定した関係を築けるようなかかわりが求められます。子どもが子どもらしく園で生活できるように環境を整えられるとよいです。

第10章

配慮を要する家庭①〜保護者の疾患や障害〜

まとめ の ワーク

次の表に、保護者や子どもへの支援で考えられることや留意点を書きましょう。

	保護者への支援	子どもへの支援
保護者に精神疾患が ある場合		
保護者に知的障害が ある場合		

第10章の学び、お疲れさまでした！
疾患や障害をもちながら子育てをする保護者とその
子どもにとって、保育者がどのような存在でいれば
いいか、イメージできるとよいと思います。

・精神疾患には、倦怠感が強く、意欲や興味が減退し気分が落ち込む（①　　　　　）や、幻覚、妄想という陽性症状が見られる（②　　　　　）がある。

・知的機能の障害が発達期（おおむね18歳まで）にあらわれ、日常生活に支障が生じているため、何らかの特別の援助を必要とする状態にあるものを（③　　　　　）という。

・家族のケアに従事し、大人が負うような役割を果たしている18歳未満の子どものことを（④　　　　　）という。

・自分の欲求を抑圧しても周囲からの要求や期待にこたえる努力をする心理状態を（⑤　　　　　）という。

　保護者に疾患や障害がある家庭の子どもに対して、保育者ができるかかわりについて説明しなさい。

_____

_____

_____

_____

_____

第10章　配慮を要する家庭①〜保護者の疾患や障害〜

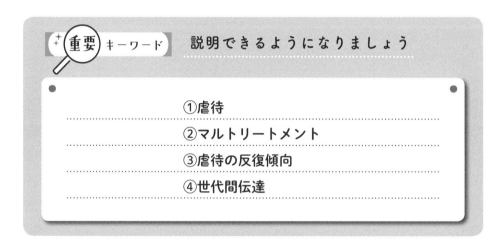

第11章 配慮を要する家庭②〜虐待〜

達成目標

虐待が子どもに与える心理的影響と、子どもと保護者への支援を理解する。
→ 虐待を受けた子どもの心理を学び、こころを育てる支援につなげましょう。

重要キーワード 説明できるようになりましょう

①虐待

②マルトリートメント

③虐待の反復傾向

④世代間伝達

子どもとかかわる立場の人およびそれを目指す人は、くり返し「虐待」について学ぶことと思います。発見時の対応だけでなく、虐待を受けた子どもの特性も学び、「こころを育てる」ということについて考えてもらいたいと思います。

導入のワーク

次の事例を読み、母親の心理、子どもの心理を想像して書いてみましょう。

事例

リン（5歳）は、父親と母親と兄（8歳）、父方の母（リンの祖母）と5人で暮らしている。ある日、リンの母親の顔色が悪く、元気がなさそうなので、保育者が声をかけたところ、母親が思いを打ち明け始めた。

リンに対してひどいことを言ってしまう、手をあげてしまうことが続いている。リンの兄には障害があり、生活の中で介助が必要な場面が多い。夫は育児どころか家事も手伝わない人で、母親が大変さを訴えてもわかってくれず、夫婦関係はとうに冷めている。つい、リンしかわかってくれない、頼れるのはリンだけと思ってしまうが、リンも言うことを聞かないと、「あなたまで私の気持ちを踏みにじるのか」という気持ちになり、「リンはひどい子だ」「ちゃんとしてくれないならリンなんていらない」と罵ってしまう。また、同居しているリンの祖母が、リンの母親にあれこれ子育てのことで文句を言ってくる。でも自分は自分の親に優しいことばをかけてもらったり一緒に遊んでもらったりした記憶がなく、ちゃんと子育てしろと言われてもどう接していいかわからない。とにかくリンは言うことを聞くいい子で、自分の大変さをわかって助けてくれる存在でいてくれればいい。

保育者がリンに家での様子をそれとなく聞くと、リンは「ママは忙しいの。リンはいい子にしていないといけないの」「ママは本当はリンが大好きだけど、リンが悪い子だからいい子になるように怒るの」と話した。リンは園でもとてもいい子で過ごす半面、急に怒りだしてかんしゃくを起こすなど、激しく感情をだす場面が見られる。

母親の心理

_____

_____

子どもの心理

_____

_____

1 虐待とは

虐待とは次のようなことをさします。

---

①身体的虐待…殴る、蹴る、溺れさせるなど
②ネグレクト…食事を与えない、ひどく不潔にする、自動車の中に放置するなど
③性的虐待…性的行為の強要、性的行為を見せるなど
④心理的虐待…ことばによる脅し、無視、きょうだい間での差別的扱いなど

　虐待はマルトリートメント、不適切養育と表現されることもあります。これらのことばには児童虐待より広い概念であり、「大人の子どもへの不適切なかかわり」を意味しています（文部科学省、2007）。狭義の虐待には該当しなくても、怒鳴って子育てをする、感情次第で子どもへの態度を変える、最近ではスマートフォンやタブレットを与えるだけで子どもとコミュニケーションを取らない、なども含まれます（友田、2020）。

2 子どもに与える影響

　虐待を受けることが子どもに様々な影響を与えることは想像に難くありません。身体的な発育障害（食べても身体が大きくならない）や、知的発達・認知的発達の遅れ（ことばの遅れや学習不振など）が挙げられますが、ここでは主に心理的影響について見ていくことにしましょう。

◆心理的影響

①信頼感の欠如

　生まれてから周囲の大人に丁寧な世話を受けることで、この世界への信頼感が形成されます（第1章参照）。不適切な養育環境の場合、あるときは猫かわいがりされ、あるときは激しく乱暴に扱われるなど、一貫性がないことから安心して過ごすことができない状況であることが多いです。自分が世界に向けて発したメッセージが受け止められないだけでなく、そのときによって受け止められ方が違うとなると、この世界に対して安心して身をゆだねることができません。他者に対して、もっといえばこの世界で生きていくことそのものに、「信頼」という感覚が欠如してしまいます。

②低い自己肯定感

　子どもは、虐待行為の原因は自分にあると認識する傾向があります。年齢が低い場合、思考の自己中心性（第2章参照）により、何でも自分に結びつけて考え「自分のせいで」このような事態になっていると考えるのです。あるいはいつも親が「お前はダメだ」「だから殴るしかない」と言いながら殴っている場合、「自分がダメだから」というメッセージが強く焼きつけられることになります。こうしたことから、自分に自信がなく、自己評価が低くなってしまいます。

③不安定な対人関係

　自分に自信がなく、かつ他者に対して信頼感を抱けないとなると、当然、安定した対人関係を築くことが難しくなります。なかなか他人と打ち解けられずよそよそしい感じが続く。極端に馴れ馴れしくベッタリとくっついてくる。一方で、ふとしたきっかけで関係を断ち切ってしまう。「継続的に」「ほどよい距離感で」対人関係を維持することが難しい傾向にあります。これは、愛着形成の問題が関係しており、親しくなるほど自分は捨てられるのではないかという「見捨てられ不安」があるためではないかと考えられます。

④過度の攻撃性

　人は誰でもこころに攻撃的な部分をもっているものですが、やみくもにその攻撃性をだすことはありません。社会生活を送る上で、こころにある攻撃性をそのままだしていたら支障がでてしまうからです。つまり、自分でその攻撃性を適度にコントロールして生活しているということです。それが可能になるのは、幼少期から適切な養育によって、こころをコントロールする自己抑制力、自己調整力を育てているからです。被虐待児の場合、自己抑制力が弱く、衝動的に攻撃的行動に結びついてしまうことがあります。親にそうされてきたように、自分の要求を通すためには暴力行為など力による支配をするしかないと学習していることも考えられます。

⑤虐待の反復傾向

　被虐待児と接すると、何となくイライラさせられたり、挑発されて思わず手をあげたくなってしまったりする体験をすることがあります。このようなとき、「この子はこのように他者をイライラさせるところがあるから虐待されたのだ」と思いがちですが、それは誤ったとらえ方です。

　虐待を受けた子どもは、虐待をした相手以外に対しても同じような対人関係パターンを築きやすい傾向があります。相手を怒らせるような行動をして相手を怒

らせることを、唯一の対人関係のもち方として学習してしまっていると考えられます。

　また、別の反復傾向という意味では、虐待体験が再現されることも多くあります。ショックな場面を遊びの中で繰り返し再現することで、そのショックを和らげようとしていると考えられます。遊びの中で暴力や性的なやりとりが展開されるとドキッとしてすぐ止めたくなってしまいますが、子どものこころに寄り添うことばがけをしたり、見守ったりするのがよいでしょう。

⑥偽成熟性

　被虐待児の中には、周囲の顔色をうかがい、年齢以上に大人びた配慮を示し、先回りして大人の期待に応える子どもがいます。これは偽成熟性といって、大人からの攻撃を引き起こさないために身につけた方略と考えられます。一見、物わかりのいい子で問題なく思われがちですが、自分の感情や欲求を無視して周囲の要求や期待に応えようとするため、思春期以降に問題が表面化することがあります。アイデンティティ確立の作業に取り組む際に、「自分」がわからず混乱するためです。

◆世代間伝達

　虐待を受けて育った人が、成長して自分が親になった際に自分の子どもを虐待する現象を「虐待の世代間伝達」といいます。世代を超えて虐待が伝達される割合は約30％程度であるといわれています。

　虐待というと「親＝悪者、子ども＝被害者」という図式でとらえがちですが、親自身も虐待を受けていた経験があり、支援を必要としている人であるという視点が求められます。

　たとえば子ども時代に殴られて育ってきた人は、子どもにかかわる方法として殴る方法を学習してしまっています。「親は愛情をもって自分を育ててくれた、だから殴ったのだ」と思い込むことで自分のこころを救う認知をもっていると、自分の子どもも殴って愛情を示そうとします。また、子どもの存在によって自分の傷ついたこころを埋められると思っていると、子どもが思う通りにならないと「裏切られた」と感じて攻撃対象になってしまいます。

　いずれの場合でも、「虐待はいけない」と説得するだけでは親の行動を変容することはできません。また、世代間伝達に限らず、貧困家庭や保護者に精神疾患がある、育てにくい子どもの特徴がある、育児経験が乏しいなど、虐待につながるリスクの高い家庭があります。医療機関や相談機関で保護者のこころのケアが

必要だったり、具体的な子どもへのかかわり方を伝える必要があったりします。保護者支援、子育て支援が虐待の未然防止、悪化防止につながります。

❸ 虐待家庭やその子どもに支援者としてかかわるときの留意点

◆虐待を察知し、通告する必要があるが、その際に子どもに詳細を聞き過ぎない

　虐待が疑われるときには、児童相談所、あるいは市町村の子育てを担当する部署（子育て支援課、子育て政策課など、自治体によって名称は異なります）に通告する義務があります。子どもの身体が不衛生である、年齢にそぐわない性的な絵を描くなど、疑わしい様子が見られた場合には、見過ごさずに様子をよく把握し、記録を取ることが必要です。一方で、記憶力がまだしっかり発達していない子どもに、あれこれ質問して、大人から「もしかしてこういうことがあったの？」と誘導的な聞き方をしてしまうと、子どもの記憶が書き直されてしまい虐待の事実がかえって見えにくくなることがありますので注意が必要です。

> 虐待を察知することは大切ですが、子どもから虐待の詳細を聞くには専門的な知識や技術が必要です。

◆虐待の影響や本人の強みなど、こころの育ちを見極める

　虐待を受けた年齢、虐待の程度、本人の発達の力などによって、被虐待児といっても様々です。周囲の人たちを困らせるような子どもの行動が見られても、それがどのような心理から起きている行動なのか、虐待の影響によるものなのか、をしっかりと見極め、その子どもに必要な支援を考えていくことが基本です。そのためには、「この子は困った性格の子」と決めつけずに、先に挙げた虐待を受けた子どもの心理をよく理解しておく必要があるでしょう。

　また、子どもの困った行動にだけ着目するのではなく、好きなことやできていることといった「強み」になる部分にも目を向けて、好意的なメッセージを伝えたいものです。

◆子どもが安心して過ごせる日常を用意する

　不安定な養育環境で過ごしてきた子どもにとって、安定した日常が繰り返されることには大きな意味があります。自分がいい子であろうと悪い子であろうと、急に園がなくなることはない。昨日の続きの今日があって、その延長で明日を考

えられる。虐待する大人と違って、気分で態度が変わらない大人がいつも自分を見ていてくれる。こうした安定した穏やかな日常生活の営みが、子どものこころが回復するエネルギーの基盤になります。園生活の日常の場で、信頼できる大人と楽しい感情を共有したり、ほめてもらえたり、活躍する場面があったりすることで、子どものこころも安定して育っていきます。

◆子どもに思い入れをし過ぎない

　虐待を受け、子どもながらに悲痛な体験をしている子どもに接すると、とても不憫に感じてしまいます。それ自体は自然な感情であり、身近にいる大人から愛情や共感をもって接してもらえることは、被虐待の子どもにとってとても大きな意味をもちます。

　しかし、あまりに同情し過ぎて、その子どもを特別視、特別扱いすることがないようにすることも大切です。その子どもに必要以上に思い入れを強くすることは、子どもの感情に「巻き込まれて」「振り回されて」いるかもしれず、それは子どものこころの発達にとってはよい影響を与えないからです。たとえば、その子どもを甘えさせ過ぎて、必要以上の依存心を生んでしまうことなどが考えられ、結局は子どものためになりません。

思い入れが強過ぎると、子どもが思うように反応しない場合にはがっかりして、今度は子どもにかかわりたくない気持ちになってしまうことがあります。

　これまで見てきたように、虐待を受けた子どもは様々な心理的特徴をもつ傾向があります。イライラするにしろ、どうにも放っておけない気持ちになるにしろ、極端な反応を引きだされてしまう場合があります。かかわる大人はそのような自分の状態を客観的にとらえ、極端な行動に出ないように気をつける必要があります。自分の立場や役割を忘れず、その枠を超えたかかわりをもたないこともとても重要なことです。

◆複数の機関で、皆で支える

　子どもや、虐待のある家庭に振り回されないためには、誰かが一人で背負い込まず複数の機関、複数の立場でかかわることが必要です。かかわる大人がお互いに連絡を取り合い、サポートし合いながらその家庭を支えていくことが、安定した支援には不可欠です。

まとめ の ワーク

　児童養護施設で暮らす子どもも園に通います。園で次のような行動、様子が見られる子どもがいた場合に考えられる心理的背景や保育者としての対応を考えてみましょう。

①養護施設から園に通う3歳男児ハルトは、担当保育者にべたべたとくっつき離れず、少しでも離そうとすると噛みついてくる。

_____

_____

_____

②養護施設から園に通う4歳女児アカリは、自由遊びのときにいつも一人で人形遊びをする。人形のパパが人形のママを殴り続け、ママが謝る、という遊びをくり返す。

_____

_____

_____

③養護施設から園に通う5歳男児イツキは、自分の思い通りにならないことがあるとすぐに怒って周りの子を殴る、蹴る。

_____

_____

_____

第11章の学び、お疲れさまでした！
子どもにとって、虐待する大人とは違う大人と出会い、家庭とは異なる価値観に触れることはとても大切なことです。あなたとの出会いが、子どもにとっても幸せな出会いになりますように。

・虐待を受けた子どもへの心理的影響として、信頼感の欠如、低い（①　　　　　　）、不安定な対人関係、過度の（②　　　　　　）などが挙げられる。

・虐待する人間との関係性を再現する特徴を虐待の（③　　　　　　）という。

・年齢以上に大人びて、先回りして期待に応えようとする特徴を（④　　　　　　）という。一見、問題がないように思われがちだが、のちに問題が表面化することがある。

・虐待を受けて育った人が、成長して自分が親になった際に自分の子どもを虐待する現象を虐待の（⑤　　　　　　）という。

　虐待家庭やその子どもに支援者としてかかわるときの留意点を述べなさい。

_____

_____

_____

_____

第 IV 部

子どものこころへの
支援を考えるの巻

子どものストレス

達成目標

　子どもにストレスがかかることでどのような行動、症状がでるのかを理解し、対応を考える。

→ 子どものこころに負荷がかかっていることに気づき対応を考えられるようになりましょう。

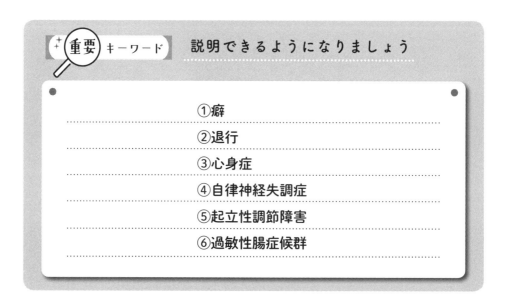

（✨重要）キーワード　**説明できるようになりましょう**

①癖
②退行
③心身症
④自律神経失調症
⑤起立性調節障害
⑥過敏性腸症候群

こころは目に見えないので、理解することが難しいです。症状、状況、本人や保護者の気持ち、自分ができる対応…それらを総合的にとらえて、支援をしていくことが求められます。

導入のワーク

自分の体験を通して例を挙げてみましょう。

①身体の調子がこころ（気分や気持ちなど）に影響した体験

②こころの調子が身体に影響した体験

③子どものころ、ストレスに感じていたこと

④ストレスを感じたときにでやすい身体の症状

解　説

❶ 子どもに反応がでるということ

　私たちは、生きていく上で何かしらのストレスを感じています。暑さ寒さも身体にはストレスになりますし、やりたくないことをやらなくてはならないとか、人に傷つけられたとか、こころが負担に感じるようなことはストレスになります。また現在のことだけでなく、先の不安とか、過去の後悔などもストレスに感じることがあります。ストレスを感じやすい程度の差はあれど、誰でも何かしらストレスを感じて生きていますが、どうにか解消しながら日々を過ごしているのが現状でしょう。

　子どもも私たちと同じで、ストレスを感じています。世の中のことをまだ理解していない子どもは悩まないと思われがちですが、世の中のことをまだ理解できていないからこそ、日々の刺激を大きく感じたり、対処法がわからず負担に感じたりするとも考えられます。ストレスに関して、大人と子どもの決定的な違いは、子どもはストレスをことばで表現することが難しいということです。そのため、子どもはことば以外の、癖や行動や身体症状などの反応を示すことで、こころに負担があるということを表現する傾向にあります。

　このことは、子どもの反応から、大人が子どものこころに何かしらの負担があることに気づき、適切に対処をして負担を軽減するようこころがける必要があることにつながります。一般的に子どもが表す反応にはどのようなものがあるかを知っておくことが大切です。

❷ 癖

　「遊び癖がつく」「無くて七癖」など「癖」ということばはよく使われますが、癖とは一体何でしょうか。岩波国語辞典第八版では「習慣となっている、偏った傾向、しぐさ」と説明されています。くり返されて身についている行動で、どちらかというと社会的にネガティブにとらえられるもの、というようなものと考えられます。「習癖」とも呼ばれることがあり、子どもに見られる主な習癖は次のようなものです。

子どもに見られる習癖

1）身体をいじる習癖（身体玩弄癖）
①指しゃぶり　②爪かみ　③舌なめずり　④鼻・耳ほじり　⑤目こすり　⑥咬む　⑦引っ掻く　⑧性器いじり　⑨抜毛癖
2）身体の動きを伴う習癖（運動性習癖）
①律動性習癖（リズム運動）：頭打ち、首振り、身体揺すり　②常同的な自傷行為　③チック
3）日常生活習慣に関する習癖
①食事：異食、偏食、拒食、過食、反芻　②睡眠：夜驚、悪夢、夢中遊行　③排泄：遺尿、夜尿、遺糞　④言語：吃音、緘黙
4）体質的要素の強い習癖
①反復性の腹痛　②便秘　③下痢　④嘔吐　⑤乗り物酔い　⑥頭痛　⑦立ちくらみ　⑧咳そう　⑨憤怒痙攣（泣きいりひきつけ）
5）その他の習癖（非社会的など）
①虚言　②盗み　③金銭持ち出し　④徘徊　⑤嗜癖

飯田順三「習癖異常とは」『こころの科学』130号　p.15　日本評論社　2006年より筆者作成

　癖がすべて問題であり、直ちに治療を必要とするものや、すぐにやめさせるべきものであるとは言い切れません。一過性で自然に消えていくことも多々あります。ただし、何らかのストレスによる行動であるかもしれないという視点で子どもへのかかわりを見直したり、環境を調整したりする対応は必要でしょう。また、癖によって他のことに影響がでる場合もあります。たとえば指しゃぶりが原因で歯並びに影響がでるとか、性器いじりが原因で友達にからかわれるなどです。心配な状況が続く場合は、癖の行動そのものを禁止するのではなく、どのようなときにその行動がでるかをよく観察し、子どもが爪かみをしそうな場面の前には気をそらして他のことに熱中できるようにする、手をつなぐ活動に誘うなどの工夫もできるでしょう。

> こころを満たすことや気をそらすことがポイントになりますが、「やめさせなくては」という圧が伝わらないようにしましょう。

③ 退行

　子どもが年齢相応にできるようになっていることをしなくなり、前の発達段階に戻ったような行動をすることを退行といいます。一般に「赤ちゃん返り」とい

われることもあります。最もよく見られる場合が、下にきょうだいが生まれ、保護者の関心が赤ちゃんにばかり向いている、周囲の大人が赤ちゃんばかりかわいがる、子どもがそのように感じたときです。一人でできていた着替えをやらなくなったり、駄々をこねたり、赤ちゃんことばで甘えてきたりします。周囲の大人が自分への扱いを変化させることは子どもにとってはストレスであり、赤ちゃんと同じように行動することで自分にも関心を向けたい、かわいがってほしいという無意識の反応をしていると考えられます。赤ちゃんを抱えているときに上の子までが甘えてくると負担に感じ、「お兄ちゃん、お姉ちゃんなんだからちゃんとして」と言いたくなる保護者もいますが、いったん、子どもの気持ちを受け止めてあげることが大切です。

大人も、社会生活に疲れたときに童心に返って遊んだり、誰かに甘えたりすることがあります。退行したらダメ、というものではなく、活力を得るために必要な場合もあります。

❹ 心身症

こころと身体はつながっています。身体の調子が悪いとこころまで元気がなくなりますし、よく眠れた次の日はスッキリしてやる気がでやすい、なんてこともあります。同じようにこころにストレスがかかることで身体の症状がでることもあります。

事例　月曜に発熱するカノン

年中児カノンは、月曜日の朝になると発熱します。日曜日の夜は元気で、「明日、園に行ったらね…」と話しているので、家庭では「日曜日に遊び過ぎて疲れてしまうのかしら」と考えていました。しかし、日曜日に特に外出しなかったときでも、月曜日の朝になると必ず熱がでて園をお休みすることが続きました。カノンに、何か嫌なことがあったのかと聞いても「別にない」と言うので、理由がまったくわかりませんでした。その後しばらくたって発熱が見られなくなり、ふりかえって考えてみると、月曜日に体操の時間がなくなったころからカノンの発熱が見られなくなったことがわかりました。

　事例のように、何らかのストレスで身体が症状をだすことがあります。発熱や腹痛、頭痛、下痢、嘔吐などが主な症状です。「身体の病気だが、その発症や経過に『心理・社会的因子』が大きく影響しているもの」（日本小児心身医学会）を心身症といいます。こころの負荷を身体で表現しているため、単に内科的な対処をしてもくり返し症状が見られることがあります。また、ストレスのもとを本人に尋ねても本人にもよくわからないことがあり、特に子どもの場合は周囲の大人が推測して負荷を減らすように対応する必要があります。

　思春期以降に発症しやすいものに、自律神経失調症、起立性調節障害、過敏性腸症候群などがあります。状態像を簡単に挙げておきます。

◆自律神経失調症

　ストレスなどが原因で、自律神経である交感神経と副交感神経のバランスが崩れてでる様々な症状です。全身的症状としてだるい、眠れない、疲れが取れないなど、器官的症状として頭痛、動悸や息切れ、めまい、のぼせ、立ちくらみ、下痢や便秘、冷えなど多岐にわたります。精神的症状として、情緒不安定、イライラや不安感、うつなどの症状が現れることもあります（厚生労働省）。

◆起立性調節障害

　起きるときに血圧や脈拍に異常が生じることにより、めまいや頭痛がする、身体がだるくて朝起きられない、食欲不振や倦怠感などの症状がでる自律神経の病気です。午前中に特にひどく、午後は回復傾向になるため、疾患と気づかれないこともあります。気分がすぐれず、集中も悪くなり、勉強が手につきません。悪化すると日常生活に支障がでて、不登校にもつながりやすいです。

◆過敏性腸症候群

　下痢や便秘、あるいは数日おきに交替する便通異常や腹痛が数か月続きますが、特に大腸に炎症や潰瘍などの病気はありません。すぐにトイレに行けない状況（電車など）で症状が悪化します。朝、出かけるときに症状があり、夕方、帰るときには症状がないか、もしくは軽いです。眠っているときや休日には症状がありません。

まとめ の ワーク

次の症状についてより詳しく調べてまとめてみましょう。

症状	特徴、原因、対応など
①指しゃぶり	
②爪かみ	
③自律神経失調症	
④起立性調節障害	
⑤過敏性腸症候群	

確　認　テスト

・子どもはストレスを感じてもことばで表現することが難しい。そのため子ども
はことば以外の、（①　　　　　　　　）や行動や身体症状などの反応を示すことで
こころに負担があるということを表現する傾向にある。①は必ずしも直ちにや
めさせなくてはいけないわけではないが、こころを満たす、（②　　　　　　　）
などの対応をした方がよい場合もある。

・子どもが年齢相応にできるようになっていることをしなくなり、前の発達段階
に戻ったような行動をすることを（③　　　　　　　）という。

・思春期以降に見られる症状のうち、朝、血圧異常からだるさや頭痛が起こり起
きられない状態になるものを（④　　　　　　　）、下痢や便秘や腹痛をくり返し、
電車などすぐにトイレに行かれない状況下で悪化する傾向にあるものを
（⑤　　　　　　　）という。

　心身症について説明しなさい。

_____

_____

_____

_____

第12章の学び、お疲れさまでした！
現代のようなストレス社会において、その影響を受ける
のは子どもも例外ではありません。こころも身体も必要
以上の負荷で悲鳴をあげないよう、自分を大切にする気
持ちを伝えてあげたいですね。

第 **13** 章　睡眠、食事、排泄にかかわる症状

達成目標

睡眠、食事、排泄にかかわる症状にはどのようなものがあるかを理解する。
→ 生活に不可欠な機能に随伴する症状と、その負担感を理解しましょう。

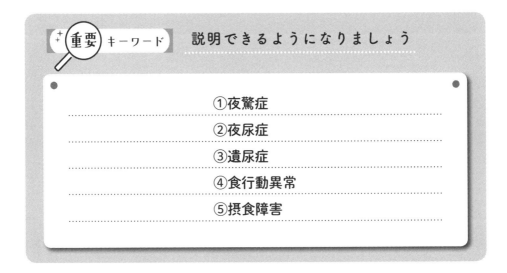

重要キーワード　説明できるようになりましょう

①夜驚症
②夜尿症
③遺尿症
④食行動異常
⑤摂食障害

食べる、寝る、排泄する、は人間にとって重要な活動であり、日常生活そのものです。そこに気になる状態があるとしたら、保護者の心配や不安はどのようなものになるか、想像しながら学びましょう。

導入のワーク

　子育て中の保護者のつぶやきです。子育て経験がある人は自分で、ない人は経験者に聞いて、最後の吹き出しに関連する内容のことばを入れてみましょう。

子どもが小さいほど、毎日の子育てってひたすら寝かせて、食べさせて、排泄させて、を必死になってくり返してたわ。

食べないとか、寝ないとか、便秘だとか、にいつも振り回されてた。

トイレの問題がうまくいかないと、保護者失格って思われちゃいそうで不安だった。

子育て雑誌とかで専門家が「子どもは成長のためにしっかり寝ることが大切です」と言っていると、「寝かせたいのはやまやまだよ。でも起きちゃうんだから。こっちだって眠いし…」って思ってた。

解　　説

　第12章で見たように、子どもは身体の症状をだすことで何かが自分に負担に
なっていることを表現します。しかしすべてがこころの問題、気持ちの問題で起
きているわけではありません。この章では睡眠と食事、排泄についての症状を見
ていきますが、人間の生理的機能として備わっている活動に付随する症状である
ゆえに、元々もっている体質や気質などに影響を受けやすい部分でもあります。
したがって、身体症状があるからすべてストレスが原因であるとか、原因が保護
者や家庭にあると決めつけることは、子どもや保護者を追いつめることになって
しまいます。子どもは一人ひとり異なり、中には生まれつき脳機能や内分泌系な
どの身体機能がうまく働かない、過敏である、働きが弱い等、いろいろな特性を
もつ子どももいます。また、子どもは発達途上であり、成長とともに成熟して症
状が変化していくことも多々あります。そのことをよく理解した上で、「元々過
敏な子どもが、影響を最小限に留めるにはどうしたらいいか」「本人に無理のな
いように生活できるにはどのような配慮があるとよいか」「保護者の心理的負担
を支えるにはどうしたらいいか」を考えていけるとよいでしょう。

1　睡眠に関連する症状

◆夜驚症

　睡眠障害の一種で、寝入って3時間くらいまでの間に突然起きて、恐怖に満ち
た表情で大声をあげたり激しく泣きだしたりすることをいいます。話しかけても
子どもは反応せず、朝になるとそのときのことを覚えていません。1〜2分程度
でおさまり、長くても10分ほどです。このようなことが一定期間くり返されます。
3〜6歳ごろによく見られます。

◆睡眠時遊行症

　夢遊病ともいわれる、やはり睡眠障害の一種です。夜寝ているときに、ベッド
から起きあがって歩き回る、玄関や窓を開けて外に行こうとする、トイレでない
ところで排泄しようとするなどし、家族が話しかけてもほとんど反応はありませ
ん。夜驚症と同様、目を覚まさせることは難しく、目を覚ましてからもその間の
ことは覚えていません。5〜12歳ごろの子どもに見られます。

　夜驚症も睡眠時遊行症も、脳が成熟してくることで自然に症状は落ち着いてき

ます。ただし、何かしらの恐怖や不安体験がきっかけになることが多いと考えられます。また、てんかんとの鑑別が必要な場合もあります。

② 食事に関連する症状

◆食行動異常

　乳幼児の食行動異常には異食症、反芻症、回避・制限性食物摂取症、過食症などが挙げられます（杉山、2015）。

　異食症とは、紙、土、糸などの食物ではない物質を1か月以上にわたり継続して摂取することです。反芻症とは、食後に食物を吐き戻す行為を1か月以上にわたり示すものです。吐きだす場合と、再び飲み込む場合があります。回避・制限性食物摂取症は、食べることへの無関心や食物の感覚的特徴を嫌がり食べることを回避することにより、体重や栄養が不足する、発達に影響する、などの症状です。乳児がこの状態になると、母乳を飲まず、1歳になっても首が座らないなどの問題がでます。異食症、反芻症、回避・制限性食物摂取症は発達障害（第15章参照）との併存が多いとされています。咀嚼（かむこと）や嚥下機能（飲みこむこと）の発達状態や、食事が発達に適切なものかどうかを確認する必要があります。

　過食症は、次の摂食障害にも含まれていますが、杉山（2015）によって、青年期の摂食障害につながらなかった幼児期の過食の事例が報告されています。幼稚園で友達の弁当を食べてしまう、下痢を起こしてもなお食物を求め続けるなどの激しい過食を示す子どもの事例が少ないながらもあるということです。

◆摂食障害

　摂食障害は、神経性無食欲症（拒食症）と神経性大食症（過食症）を総称したものです。青年期に多く見られますが、現代では幼児や小学生、また40代、50代でも見られるようになりました。

　いわゆる拒食症は、痩せたいという気持ちから食べることを拒否し、適性体重より著しく低い体重になってしまう状態です。周囲がいくら痩せているから食べなさいと言っても、本人はもっと痩せなくてはいけない、食べて体重が増えるのが怖いと言ってなかなか食べようとしません。背景には自己評価の低さや家族間の葛藤などがあると考えられています。生命にかかわるほどの体重減少の場合は入院治療が必要になります。

　過食症は、単に「食べ過ぎ」の範疇で済まずに、過度な量の食物をお腹に詰め

込むような食べ方をします。どんなに食べても満足せず、むしろ痩せたいのに食べてしまった自分を責めてとても落ち込みます。落ち込むとつらいのでまた過食し、吐いたり下剤でだしたりすることをくり返します。行動をコントロールできないので意志が弱いと思われがちですが、医学的な治療の対象であり、薬物療法やカウンセリングが適用されます。

食べることは生きることを楽しみ、自分を慈しむことにつながる行為です。また、誰かが作った料理をおいしく食べるのは、愛情を受け取る行為です。食べることを拒否する姿、吐きだす姿を見ることは、家族にとってとてもつらいことになります。

❸ 排泄に関連する症状

◆夜尿症

　おねしょ、と俗にいわれますが、おねしょと夜尿症とは厳密にいうと別のもの、と知っていますか。眠っている間にするおもらし、という意味では共通なのですが、おねしょは膀胱が未発達な乳幼児なら生理的に見られるものです。一般的に、2歳で2人に1人、3歳で3人に1人、4歳で4人に1人…とおねしょをする子どもは減っていきます。5歳になっても月に1回以上おねしょをする場合に夜尿症といわれます。

　夜尿症は、子ども自身がとても恥ずかしく思い、自己評価の低下につながります。宿泊行事などにも不安が高まり、楽しむことができず、参加を諦めてしまうこともでてきます。また、毎回シーツや布団を洗濯しなくてはいけないことから、保護者も負担に感じ、つい「また…」と言いたくなってしまいます。その結果、必要以上に子どもの水分補給を制限したり、夜、眠っている子どもを起こしてトイレに連れて行ったりと、「何とか治そう」と熱が入る行動につながりやすいです。そしてそのことがますます親子を追い詰めていくことになる場合もあります。

　夜尿症は、神経・内分泌系ホルモンの未成熟により、夜間尿を作り過ぎてしまう、膀胱で尿をためておけない、尿意を感じても目を覚ますように伝達できない

脳の問題が複雑に絡み合っていると考えられています。自然に治ると思われがちですが、小児科や泌尿器科で治療をした方が治癒率も高く、治癒までの期間も短くなります。主な治療法は日誌をつけながらの生活指導や薬物療法などです。

◆遺尿症・遺糞症

　昼間に尿を漏らすことを遺尿、トイレ以外の場所でくり返し便を漏らすことを遺糞といいます。遺尿は、無意識の場合は膀胱炎や、ストレスによって尿量が増えていることが考えられます。遺糞は、便秘があるかどうかを確認し、ある場合には生活習慣やトイレットトレーニングなどを見直して、排泄を整えるようにします。

　遺尿も遺糞も、子どもが意識的におもらしをする場合には注意が必要です。何かしらの大人へのシグナルであることが多いからです。大人の気を引きたい、大人への不満や怒りを感じているなど、心理的な要因が考えられます。心理療法、カウンセリングなどを利用し関係調整を図る必要があります。

第13章

睡眠、食事、排泄にかかわる症状

この章で学んだ症状は、発達障害のある子どもや被虐待児にも見られる傾向にあります。

まとめ の ワーク

あなたは保育者です。保護者から次のような相談をされたときに、どのような話をしますか。考えて書いてみましょう。

①うちの子、3歳後半なのにまだおねしょするんですけど、おかしくはないですか。

_____

_____

_____

②うちの子、5歳なのにまだおねしょするんです。お泊り保育も心配です。どうしたらいいですか。

_____

_____

_____

③うちの子、昨日の夜、寝ながら突然ギャーって騒いで泣きだしたんです。なだめても全然声が届いていないみたいで、ビックリしてしまって。こういうことってあるんですか。うちの子が変なのでしょうか。

_____

_____

_____

_____

第13章の学び、お疲れさまでした！
保護者にとって、日々の生活の中で子どもに気になる症状があることは、想像以上にこころの負担になるものです。正しい知識をもって情報を伝え、しっかり話を聞いて気持ちを支えてあげてください。

・睡眠中に突然起きて、恐怖に満ちた表情で大声をあげたり激しく泣きだしたり
する症状をしめすものは（①　　　　　　）である。また、同じように睡眠中に
ベッドから起きあがって歩き回る、玄関や窓を開けて外に行こうとする、トイ
レでないところで排泄しようとするなどの症状をしめすものは
（②　　　　　　）といい、夢遊病といわれることもある。

・幼児の食行動異常のうち、紙、土、糸などの食物ではない物質を継続して摂取
するものは（③　　　　　　）である。

・摂食障害とは、食べることを拒否し著しく痩せていく神経性（④　　　　　　）
と、多量の食物を摂取して吐く、下剤の使用をくり返す神経性（⑤　　　　　　）
との総称である。

夜尿症について説明しなさい。

_____

_____

_____

_____

第 **14** 章　子どもに見られるその他の症状

達成目標

子どもに見られるその他の症状（チック、吃音、選択性緘黙）について学び、対応を考える。

→ 子どもの状態像から、子どもの困り感を推測できるようになりましょう。

→ 保護者に適切な助言ができるようになりましょう。

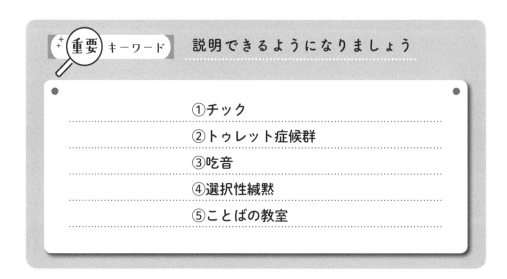

重要 キーワード　　説明できるようになりましょう

- ①チック
- ②トゥレット症候群
- ③吃音
- ④選択性緘黙
- ⑤ことばの教室

子どもを適切に理解するためには、子どもに見られる様々な症状をしっかり知っておき、症状に付随する子どもの苦しさに思いをはせられることがとても大切です。知らないばっかりに、子どものわがままとか、ましてや保護者の育て方のせいにするなんてことが絶対にないように!!

導入のワーク

　次のような子どもがいた場合、どのように理解し、どのように対応すればよい
か、考えてみましょう。

①レンはとてもまばたきが多いです。先生の話を聞いているとき、友達と遊んで
　いるとき、バチバチッとまぶたが動きます。特にまぶしいとか、目がかゆいと
　かではなさそうです。

_____

_____

_____

_____

②タクミはおしゃべりが好きな子ですが、話すときにいつも「………あ、あのね
　先生…」とことばがつまり、最初のことばがなかなかでてきません。とても苦
　しそうに話すので、周りの子どもが心配そうにタクミを見ます。

_____

_____

_____

_____

③ヒナは園では表情が硬く、一言もおしゃべりをしません。先生の声かけにも、
　うつむいて、うなずくのがやっとです。お母さんの話では、家では明るくよく
　おしゃべりし、よく笑うとのことです。

_____

_____

_____

_____

第14章　子どもに見られるその他の症状

解　説

❶ チック

◆状態

　本人の意思とは関係なく、突発的に身体の一部に意味のない動きや音声がでる症状です。運動チックと音声チックがあります。運動チックにはまばたきや肩すくめ、首振り、顔しかめなどがあります。音声チックにはうなる、咳払いをする、卑猥なことばを言うなどがあります。発症年齢は4〜7歳ごろが多く、大部分は一過性で1年以内に消失します。複数の運動チックと音声チックが1年以上続くものは「トゥレット症候群」といわれます。

◆対応

①無理にやめさせようとしない

　症状が見られるとつい「またやっている」「やめなさい」と注意したくなりますが、本人が意識的にやっているわけではないので、注意しても治るわけではありません。むしろ子どもが「また叱られた」と思い自分を責める、自己イメージが悪くなるなどの悪影響が心配です。多くは一過性であることから、気に留めずに過ごせるとよいでしょう。

②ストレスを緩和する

　チックは、チックを起こしやすい脳の体質のようなものがあり、そういう体質の人に何かしらのストレスがかかったときに誘発されると考えられています。したがって、ストレスそのものが原因ではありませんが、ストレスを感じているときには症状がでやすいと考えられます。可能であれば本人が負担に感じるようなことを緩和できるように対処します。発表会や運動会など行事の前に症状が強くなることが見られますが、その場合は行事が終わると元に戻ります。

❷ 吃音

◆状態

　話すときにことばがスムーズにでない状態を吃音といいます。吃音には、ことばをくり返す連発（あ、あ、あ、あのね）、音を伸ばす伸発（あーーーのね）、ことばがつまる難発（……っあのね）があります。引っ越しをすると吃音になる、左利きを矯正すると吃音になるなどいわれていたころもありましたが、いまは否

定されています。

　小学校就学前に吃音が始まる子どもが多く、そのピークは3〜4歳のようです。男子に多い傾向があります。何もしないでも4年以内に自然に吃音が見られなくなる割合は74%と高いですが、女子の方が自然回復率が高いようです。

> 歌を歌うときや2人以上でセリフを言うときなどは目立たなくなる傾向があります。

◆対応

①話し方のアドバイスをしない

　つい「ゆっくり話してみたら」「落ち着いて」と言いがちですが、話し方を変えても治るわけではありません。また、自分の話し方がダメだと言われているように感じるため、アドバイスされることは本人にはつらいようです。同じく、本人を傷つけないためにも、周囲の子どもによる話し方の真似をするなどのからかいは絶対にやめさせましょう。

②ゆっくり話を聞く

　ことばがつまって話しにくそうにしていると、つい「ブランコに乗ったのね」「楽しかったのね」と先取りして子どもが言いたいことを大人が言ってしまいがちです。しかし、いつもそれでは子どもは「伝えたい」という気持ちを満たすことができません。「伝わっているよ、大丈夫」という気持ちで、ゆっくり子どもの話を聞いてあげたいものです。

③専門家に相談

　吃音の相談にのる専門職としては言語聴覚士（ST）がいます。どこで相談できるかは地域によって異なります。市町村でことばの教室（正式には通級指導教室）が設置されているところもあります。ことばの教室は週1〜2回程度通い、ことばに関する指導を受けられるところです。主な対象は小中学生ですが、年長であれば幼児でも相談を受けつけている地域もあります。いずれも市町村や地域の相談機関に問い合わせて確認できます。

　相談機関では、吃音そのものをなくすことよりも、吃音を進展させないための対応を学んだり、吃音のある自分でやっていくための気持ちの持ち方を考えたりするケアが中心となっています。

❸ 選択性緘黙

◆状態

　家では普通に話すことができるのに、園や学校など、家以外の社会的場面で話すことができない状態を緘黙といいます。正式な診断名は選択性緘黙といいますが、「選択性」だと本人が選択していると誤解される心配があり、一般的な言い方で場面緘黙といわれることもあります。

　危険を感じる脳の部位が敏感に反応しやすいことによる不安障害の一種で、単に恥ずかしがり屋だとかわがままだとかいう性格の問題ではありません。また、緘黙の子どもでも、まったく話せない子どもから、慣れている仲良しの子とは小声でなら話せる子、音読ならできる子など、いろいろな状態像があります。中には、とても不安の程度が強く、固まってしまって身体を動かすこともできない緘動を伴うこともあります。

◆対応

①安心感をもてる環境づくり

　不安が高いことが特徴ですので、まずは安心感をもてるような環境をつくることが大切です。無理に話させるようなことはもちろん、子どもが反応したときに「あ、しゃべった！」とか「みんな、見て！」などと大きく取りあげてしまうことは避けなくてはなりません。話せない自分のことを先生が見守ってくれている、この先生はわかってくれている、という感覚が育つことで、安心して過ごすことができます。

　話をするかどうかだけにこだわらずに、できているところやよいところをほめる、一緒に楽しい思いを共有するなどのかかわりは、他の子どもと同じように大切です。

②安心度チェック表で無理なく少しずつ

　できる活動をできる範囲で行えるように、配慮できることを考えます。何に不安を感じて、何ができるのかは、一人ひとり違うので、まずは不安の強い活動やできそうな活動を見つけます。家庭で安心度チェック表をつけてもらい、参考にするとよいでしょう（かんもくネット）。たとえば、みんなと一緒なら歌えるとか、ことばを使わない活動なら大丈夫かなどを、「とても安心」から「とても不安」まで確認します。それによってどんな活動にどの程度の不安を感じているかがわかります。そして、小グループなら活動に参加できるかもしれないなど、本人が負担なく活動できる支援方法を考えます。しかし、話をさせることが目標ではな

いので、不安の程度の少ないことから無理なく少しずつ試みることが大切です。体験を通し「できた」という経験が積み重なっていくことで自信につながります。

> 場面緘黙児支援のための情報交換ネットワーク団体「かんもくネット」（http://kanmoku.org/）には、「安心度チェック表」をはじめ、園や学校、家庭がすぐに活用できる資料が多くあります。

③専門家に相談

　場に慣れることで少しずつ話せる子もいますし、小学校に入学するなど環境が変わるときに話しだす子もいます。基本的にはすぐに治そうとするのではなく、本人にいろいろな体験を積ませながら経過を見る対応になりますが、中には発達障害など、発達に課題があり緘黙を併発している場合もあります。医療機関や発達相談機関で専門家に相談をすることは保護者に必ずすすめておきたいところです。しかし、家庭では話をしており心配な様子が見られないため、保護者に困り感がない場合もあります。丁寧な情報共有が求められます。

　こうした配慮が必要な子どもたちは、それぞれ症状の種類や程度に違いはありますが、

・無理に症状を治そうとしない、症状があっても大丈夫と受け入れる
・状態像や苦しさ、困り感を理解しようとする
・できることを見極め、無理なく体験できることをさがす
・ほかの子どもたちからからかわれたりいじめられたりしないように気をつける
・経過を注意深く見て、必要に応じて専門家への相談をすすめる

といった対応を行う、という点で共通しています。また、本人だけでなく保護者も不安に思うものなので、よく話を聞き必要な情報を伝えるという支援ができるとよいでしょう。

まとめ の ワーク

　保護者から「○○って何ですか？」と聞かれることを想定して、説明してみましょう。

①「チックって何ですか？」

_____

_____

_____

②「トゥレットって何ですか？」

_____

_____

_____

③「吃音って何ですか？」

_____

_____

_____

④「緘黙って何ですか？」

_____

_____

_____

第14章の学び、お疲れさまでした！
配慮が必要な子どもには、自分をわかろうとしてくれる人、安心感を与えてくれる人が、特に必要です。
あなたはそういう人に、なるのです。

・本人の意思とは関係なく、突発的に体の一部に意味のない動きや音声がでる症状をしめすものは（①　　　　　　　）である。そのうち、複数の運動チックと音声チックが1年以上続くものは（②　　　　　　　）という。

・話すときにことばがスムーズにでない状態を（③　　　　　　　）という。連発、伸発、難発がある。

・ことばに関して心配なところがある子どもが、ことばに関する指導を受けられる通級指導教室＝（④　　　　　　　）が設置されている市町村がある。

・家では普通に話すことができるのに、園や学校など、家以外の社会的場面で話すことができない状態を（⑤　　　　　　　）という。

　　チックや吃音、選択性緘黙のある子どもへの対応を説明しなさい。

　_____

　_____

　_____

　_____

発達障害

達成目標

　発達障害について学び、子どもの支援ニーズに合った支援策を考えられるように
なる。

→ 発達障害の症状、および一人ひとり困り感が違うことを理解し、支援を行
　う視点をもつようになりましょう。

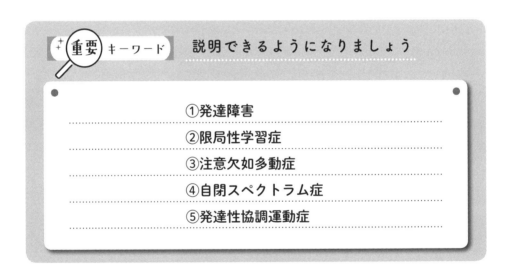

重要 キーワード　　**説明できるようになりましょう**

　　　　　①発達障害
　　　　　②限局性学習症
　　　　　③注意欠如多動症
　　　　　④自閉スペクトラム症
　　　　　⑤発達性協調運動症

　人とかかわる仕事を目指している人は、発達障害につい
ても何度も学ぶことになると思います。発達障害につい
ての知識がないままで人にかかわると、お互いに苦しい
出会いになってしまうかもしれません。

導入のワーク

①あなたの苦手なことを挙げましょう（整理整頓、人前で発表すること、地図を
　見ながら初めての場所を歩くこと、時間を守ること、計算、初めての人に話し
　かけることなどなど…何でもかまいません）。

_____

_____

_____

_____

_____

_____

_____

②毎日、その苦手なことを訓練しなくてはいけない状況を想像してみましょう。

③その苦手なことをやらなくてはいけない状況で、どんな助けを得られたら、少
　しは取り組みやすくなると考えますか。

_____

_____

_____

_____

_____

_____

_____

第15章

発達障害

① 発達障害とは

　全般的な発達の遅れは見られないが、ある特定の部位に著しい発達の障害があり、特別な支援を必要とする状態のことを発達障害といいます。

　人間の発達は、能力のいろいろな領域がそれぞれ複雑に絡み合いながら進みます。たとえば運動能力、認知能力、言語能力などです。多少の得意・不得意はあっても、だいたい年齢に沿って発達していくと想定されますが、その能力のいろいろな領域の発達に、全般的に年齢よりも遅れが見られる場合は「知的障害」と診断されます（第10章参照）。

　発達障害は全般的な発達の遅れは見られず、ある特定の能力に発達の遅れがある、苦手さがある状態です。あらゆることが得意で何でもできる人はいませんから、苦手さがあると聞くと自分も発達障害にあてはまると思う人が多いのですが、そこでもう１つのポイントが「支援を必要とする状態である」ことです。苦手さの程度が著しく、自分一人の努力ではどうにもならないというように、自分や周囲の人の困り感が目立つ場合に、発達障害と判断されます。

　主な発達障害には限局性学習症、注意欠如多動症、自閉スペクトラム症が挙げられます。

　この章ではそれに加えて、近年、注目されている発達性協調運動症も取りあげ、症状と支援について考えていきましょう。

主な発達障害

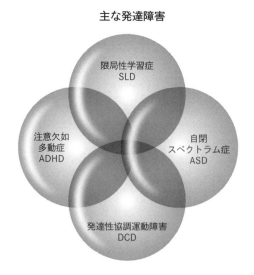

筆者作成

❷ 限局性学習症（SLD）／学習障害（LD）

◆状態

　読む、書く、計算するなど、学習に必要な能力のどれか1つ、あるいは複数に著しい困難が生じている状態です。単に苦手、好きじゃない、ということではなく、脳の中の読むこと、書くこと、計算することを担う部位がうまく機能していないためと考えられます。

> 要は、情報の入力（目、耳）あるいは出力（口、手など）の過程に伝達の悪さがある障害です。

①読み

　文章を読むときに、たどたどしい読み方や文字をとばして間違った読み方をしてしまいます。文字が読めないのではなく、文字を認識して視覚的に処理するときに、脳で誤った像を結んでしまうためと考えられます。

文字の認識が難しく読みづらい

②書き

　文字を覚えたての幼児は鏡文字（鏡に映ったときに正確な文字になる、左右反転文字）を書きます。しかし、書くことが苦手な子どもの中には、一定の年齢を過ぎても鏡文字を書く子がいます。また、字が乱れていて、枠の中におさめられない、漢字の間違いが多い、黒板の文字をノートに写すのにとても時間がかかるなどの症状があります。

LD児の書字の一例
小学1年「ふうせん」「きゅうり」

ふうせん

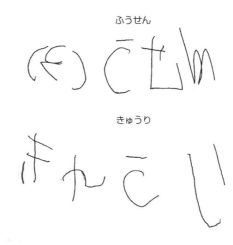

きゅうり

小池敏英・雲井未歓・窪島務（編著）『LD児のためのひらがな・漢字支援：個別支援に生かす書字教材』p.3,9
あいり出版　2003年

小学3年「鳥」

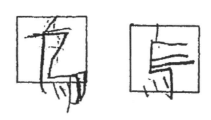

石井麻衣・成基香・柏原亜津子・小池敏英「軽度発達障害児における漢字書字の学習経過に関する検討―漢字学習に順行性の干渉が多く認められた事例について－」『東京学芸大学紀要第1部門　教育科学55』p.167　2004年

③算数

　数の概念がなかなか身につかない、計算をよく間違える、問題文を読んでもどの計算をすれば答えが導けるのかがわからない、筆算の桁を間違えるため、答えが不正解になってしまうなどがよく見られます。

筆算の桁を間違える

④付随症状

　学習に関する能力の苦手さなので、小学校に入ってから本人も家族も困難さに気づくことが多いのですが、幼児期でも次のような活動に苦手さが見られることがあります。文字や数字に興味を示さない、いつまでも洋服や靴の左右を間違える、年齢相応の絵が描けないなどです。

◆支援

①見やすくわかりやすい情報提供

　掲示物、板書、プリントの文字を大きくする、特に重要な情報を線で囲ったり、色をつけたりして目立たせる、文字量を多くしないなどの工夫ができます。

②視覚・聴覚で補う

　目から見た情報だけでは漢字が覚えられないときは、聴覚で補いながら覚えると覚えやすくなります。

> オジンオズボーン篠宮暁氏が声にだして覚える漢字学習ドリルを出版しています。「鬱」を「キカンキワキョウワチョワチョワチョワチョヒミー」と覚えるやり方は、まさに聴覚で補う方法です。

③課題の量の調節

　苦手であると人よりもっと練習しないと書けるようにならないと思われがちですが、正しく形を認識できない状態で何度も書いても、正確にも上手にも書けるようにはなりません。できないことを何度も、ただひたすらやらされたら嫌になってしまうのは大人も子どもも同じです。むしろ量を調節し、少なくてもいいから取り組めたらほめる、とする方がよいです。しかし、日本では「皆と同じでないと不公平」という考え方が根強く、調節することに抵抗を感じる人が少なくありません。

④代替機器

　ICTが普及、発達している現代では、大人になって自分で文字を書く機会は減り、むしろパソコンやタブレット、スマートフォンを使用する方が圧倒的に多くなります。読むことが苦手なら音読教材を使う、書くことが苦手ならタブレットを使うなど、苦手さを補う様々な代替機器、補助機能があります。必要に応じて活用できるとよいでしょう。

　SLDの子どもたちは、ただ「勉強が苦手な子」「努力が足りない子」と見なされることが多く、本人の困り感が周囲に伝わりにくい傾向があります。本人は人一倍努力しても点数に結びつかず、やるせない思いを抱えているにもかかわらず、です。「この方法なら自分にもできる」という方法を一緒に探して、達成感を味わえるように支援したいものです。

❸ 注意欠如多動症（ADHD）

◆状態

　年齢に比べて不注意、多動性、衝動性が著しく目立つ状態です。不注意のみが目立つタイプ、多動性・衝動性が目立つタイプ、不注意・多動性・衝動性すべての症状が目立つタイプがあります。

①不注意

　集中が続かない、細部を見落とす、忘れ物や失くし物が多い、時間や期限を守れない、整理整頓ができないなど、集中や注意力を適切に維持できず、目的ある行動が取りにくい状態が見られます。

②多動性

　手足を絶えず動かしている、座っていられない、しゃべり続けるなど、社会的に不適切な場面で落ち着きがない状態が見られます。

③衝動性

　順番を待てない、番を待たずに思いついたらしゃべる、相手の許可を得ずに他者に干渉するなど、刺激に対して衝動的に反応する状態が見られます。

> 要は、衝動や感情や行動のコントロールの悪さが特徴の障害です。

④付随症状

　ADHDの人は、じっとしていなさい、ちゃんとしなさいと叱られることは人一倍多く、ほめられることは人一倍少ない、といわれます。叱られる体験が重なって成長し、自分でも「どうして自分はできないのか」と感じるようになると、抑うつ状態やうつ病につながりやすいといわれています。

◆支援

①環境調整

　子どもの気を引くような、気が散るような物が目の前にたくさんある状態で、「集中しなさい」「話を聞きなさい」と言っても難しいものです。不必要な刺激をできるだけ受けなくて済むような環境調整が必要です。戸棚のガラス戸は布を貼って中が見えないようにする、掲示物は最小限にするなどの工夫ができます。

②課題の工夫

　長いことばで説明すると、最後まで聞いていられず立ち歩くことにつながるかもしれません。一度にたくさん説明して、最初にやることがわかっても次にやることを忘れてしまうと、別のことを始めてしまうかもしれません。また、同じ作業が長く続くと、飽きてしまい他のことをやりたくなるかもしれません。指示は短く簡潔に伝える、活動は短時間で区切り内容に変化をつける、いつまでこの活動をするのか明確にめどを伝えるなどが必要です。

③薬物療法

　ADHDには薬物療法の効果が見られることがあります。飲んで障害が改善される、というわけではなく、薬が効いている間は症状が緩和される、ということです。それならば効果ではないのではないかと思われがちですが、薬が効いている間、「落ち着く」「活動に集中できる」「ほめられる」体験ができるのは、子どもにとってとても意味のあることなのです。薬の服用に抵抗がある家庭もありま

すので、医療機関でよく相談するように伝えられるとよいでしょう。

現在、コンサータ、ストラテラという薬を
服用することが多いです。

④ 自閉スペクトラム症（ASD）

「自閉」ということばのもつ意味から、対人恐怖や社会的引きこもりと混同さ
れがちなので、区別が必要です。また、ASDは以前、広汎性発達障害や高機能
自閉症など、状態像によって診断名が異なっていました。現在は、重症から軽症
までを連続体（スペクトラム）でとらえることで同じ障害名に統一されました。

◆症状

①社会的コミュニケーションが困難

他者と興味や感情を共有することが少ない、アイコンタクトや表情などの非言
語コミュニケーションの理解と使用に困難がある、他者に伝わらない独特なこと
ばの使い方をする、他者の意図を読んだり場の空気に合わせて行動したりするこ
とが難しいなど、他者との共有や他者からの視点理解ができにくく対人交流を図
りにくい状態が見られます。

②同一性への固執

変化や予期せぬことが苦手で対処しにくい、生活習慣や行動様式が同一である
ことへの固執、興味や関心が限定的で特定のことにとても詳しいなど、こだわり
が見られます。

③感覚異常

シャワーを痛いと感じる、特定の食べ物の感触を嫌がって食べない、洗濯機の
音を怖がるなど触覚、聴覚等の感覚に極端な過敏さを示す、あるいは血が流れて
いるのに痛みを感じないなど極端な鈍感さを示す、などが見られます。

④付随症状

関心や意識の範囲が狭いことから、複数のことを同時に処理することができな
い場合があります。シングルタスクといって、何か1つの部分的なものにしか注
意がいかないとか、説明を聞きながら先生の動きを見ることが同時にこなせない
ことにつながります。

要は、他者とのやりとりに困難があり、独自の世界を
もっている特徴がある障害です。

◆支援
①見通しのある、わかりやすい生活
　急な予定変更や先の見通しがない状況は、ASDの人たちにとってとても不安
が高まることにつながります。変更の予告は早めにするなどの配慮があるとよい
です。また、どちらかというと耳から聞くよりも目で見て情報を処理することが
得意な場合が多いので、その日の予定を書いて見えるようにしておく、初めて行
く場所は事前に写真で様子がわかるようにしておく、などの工夫ができます。
　また、ことば遣いにも留意しましょう。婉曲表現やあいまいな表現は混乱のも
とです。「ちゃんとしなさい」ではなく「ここに座ります」、「その話は置いてお
いて」ではなく「明日決めましょう」とすることで、「ちゃんとするって何？」「ど
こに置くの？」と混乱させることを防ぐことができます。

絵や写真で提示する視覚支援と、シンプルなことばでの
表現ができるといいですね。

②過敏性への配慮
　聴覚過敏や嗅覚過敏など、人によって過敏さの種類や程度は様々です。「慣れ
ないと大人になってから困るから」と慣れさせようと刺激にさらすような対応を
することは、効果がないばかりか本人に負担を強いることになります。このよう
な考えには「花粉症を根性で治そうと、花粉だらけの箱に顔を入れ続けて花粉症
を治そうとするようなものですよ」と説明すると伝わるようです。
　光刺激がまぶしそうであればカーテンを引く、楽器の練習のときに耳をふさぐ
ようであれば別室を用意するなどの対応が求められます。
③対人関係のフォロー、保障（SST）
　ASDの子どもも、まったく他人に興味がないわけではなく、かかわりたい気
持ちは育ちます。しかし相手の気持ちや場の空気を察することが苦手なので、悪

第15章

発達障害

気がないのにかかわり方がうまくいかず、相手の子どもに嫌な思いをさせてしまうことがあります。相手には興味がないことを長々と話してしまったり、相手が傷つくようなことを正直に言ってしまったりなどです。大人が間に入って、気持ちを代弁しながら関係調整できるとよいでしょう。

　一方で、一人の時間を過ごすことが気持ちの落ち着きになることも多いです。人と接する機会を増やしたいからと、無理に人とかかわらせるのではなく、支障がないときには一人で好きな活動に没頭できる時間を保障してあげることも安定を図る上で役立つことがあります。

　小学生以降では、人とうまくかかわる練習（ソーシャルスキルトレーニング：SST）をすることで、対人コミュニケーションの苦手さを補う支援を受けられる機関があります。名称は地域によって様々なので、教育委員会や市町村の教育相談室に問い合わせるとよいでしょう。

自閉スペクトラム症の子どもの状態像や対応についてもっと知るためには、『重い自閉症のサポートブック』（ぶどう社、2011）や『自閉症の子とたのしく暮らすレシピ』（ぶどう社、2007）がオススメ。

❺ 発達性協調運動症／発達性協調運動障害（DCD）

発達性協調運動症の診断基準の一部を抜粋します。

　A.協調運動技能の獲得や遂行が、その人の生活年齢や技能の学習および使用の機会に応じて期待されるものよりも明らかに劣っている。その困難さは、不器用（例：物を落とす、または物にぶつかる）、運動技能（例：物を掴む、はさみや刃物を使う、書字、自転車に乗る、スポーツに参加する）の遂行における遅さと不正確さによって明らかになる。

日本精神神経学会（日本語版用語監修）、髙橋三郎・大野裕（監訳）『DSM-5 精神疾患の診断・統計マニュアル』
p73　医学書院　2014年より抜粋

　幼小期より、指先や身体全体の使い方に不器用さ、ぎこちなさが目立ち、そのことが生活面に影響している場合にDCDと見なされます。単に不器用だけではあまり困らないのではないかとか、回数をこなせばできるようになるのではないかと思われがちですが、実は生活全般に影響します。着替えがスムーズにいかな

い、食事をこぼす、遊びが楽しめないなどから本人も苦しみますし、だらしない印象を与えることから叱られることも増えてしまいます。また年齢が進めば、字を書く、線を引く、楽器を演奏するなど学習面にも影響がでます。そのようなことから自信がなく、新しい活動に取り組まないようになってしまいます。

要は、不器用で動きのぎこちなさが目立つ障害です。

◆支援

　苦手なことを訓練するのは、誰にとってもつらいことです。子どもの場合は遊びながら、苦手な機能を育てられるように工夫できるとよいです。身体の機能は、全身の粗大運動から指先の微細運動へと発達していきます。そのため、まずは身体を大きく使った運動遊びをたくさん経験できるようにします。毛布ブランコ、ジャングルジム、段ボールくぐり、トランポリンなどです。ボディイメージをつくり、大きな動きの中で身体をコントロールする力が育ちます。また、身体の感覚に意識を向けるための、大人が子どもの手や背中に文字や図形（○や△など）を描き、何を描いたか当てるゲームもあります。指先を使って遊ぶ遊びでは、指先でコインを拾って貯金箱に入れる、小さな豆をつまんで缶に入れるなどができます。時間を計ってゲーム感覚でやると楽しめるでしょう。

◆二次障害

　二次障害とは、障害そのものではなく、それに伴う挫折体験により、自己評価が下がっている状態のことです。発達障害など、苦手さを抱える子どもたちは、挫折体験や叱られることが人より多くなりがちです。幼児期から、嫌な思いを何度も繰り返すことで、「どうせ自分はダメだから」という気持ちが大きくなってしまい、小学校高学年から中学生になるころには意欲をなくしたり、投げやりになってしまったりします。こころがくじけてしまうと、できることもやらなくなり、大切な学びの機会を失ってしまいます。二次障害を防ぐことはとても重要です。

　そのためには、幼小期から「理解してくれる大人がいること」「ほめて励ましてくれる大人がいること」が、その子どもの人生にとってとても大きなことになります。苦手さを克服させようと追い詰めるのではなく、できているところを見つけ、ほめていく姿勢が大切です。

まとめのワーク

　発達障害を含む障害は、ここからがはっきりと障害で、それ以外は障害ではないと線を引けるものではありません。近年は、「発達凸凹」というような表現で、得意や不得意が目立つ特性がある人を理解しようとする動きもあります。また、医師による診断がある場合にだけ支援がなされればいいというものでもありません。社会がどのように障害というものを考えていけばいいか、誰にとっても暮らしやすい社会とはどのようなものか、あなたの考えをまとめて書きましょう。

_____
_____
_____
_____
_____
_____
_____
_____
_____
_____
_____

第15章の学び、お疲れさまでした！
適切な支援のためには、その子どもにどのような特性があり、どのような困り感があるかを見極めることが前提です。障害なのかどうか判断に迷うようなケースも多く、また診断名があっても状態像は一人ひとり異なります。だからこそ、基本的な知識をしっかり頭に入れておくことが大切です。

確認テスト

・全般的な発達の遅れは見られないが、ある特定の部位に著しい発達の障害があり、特別な支援を必要とする状態のことを（①　　　　　）という。

・（②　　　　　）とは、読む、書く、計算するなど、学習に必要な能力のどれか1つ、あるいは複数に著しい困難が生じている障害である。

・（③　　　　　）は、年齢に比べて不注意、多動性、衝動性が著しく目立つ障害である。不注意のみが目立つタイプ、多動性・衝動性が目立つタイプ、不注意・多動性・衝動性すべての症状が目立つタイプがある。

・（④　　　　　）は、社会的コミュニケーションの障害、同一性保持、感覚異常を特徴とする障害である。

・（⑤　　　　　）は、協調運動技能の獲得や遂行が、その人の生活年齢や技能の学習および使用の機会に応じて期待されるものよりも明らかに劣っている障害である。

　二次障害について説明しなさい。

_____

_____

_____

_____

第15章

発達障害

文献一覧

筆頭筆者（編者、監修者）の五十音順

第Ⅰ部

第1章
- 遠藤利彦『赤ちゃんの発達とアタッチメント：乳児保育で大切にしたいこと』ひとなる書房　2017年
- 大浦賢治（編著）『実践につながる新しい保育の心理学』ミネルヴァ書房　2019年
- 神田英雄『3歳から6歳：保育・子育てと発達研究をむすぶ：幼児編』ちいさいなかま社　2004年
- 神田英雄『育ちのきほん：0歳から6歳：はじめての子育て』p.20　ひとなる書房　2008年
- 田中昌人・田中杉恵『子どもの発達と診断3.幼児期1』大月書店　1984年
- 西川由紀子『子どもの思いにこころをよせて：〇、一、二歳児の発達』かもがわ出版　2003年
- 乳幼児保育研究会（編著）,田中真介（監修）『発達がわかれば子どもが見える─0歳から就学までの目からウロコの保育実践』ぎょうせい　2009年
- 森川敦子・渡辺大介・畠田小百合・濱田祥子・近藤綾・羽地波奈美・川上みどり・石井眞治「子どもの規範意識の発達に関する研究：幼児の善悪判断の理由付けに焦点づけて」『比治山大学紀要』第23号 pp.121-131　2016年
- 文部科学省「いじめ防止対策推進法」2013年

第2章
- 伊藤美奈子「いじめる・いじめられる経験の背景要因に関する基礎的研究：自尊感情に着目して」『教育心理学研究』65　pp.26-36　2017年
- 大西彩子・黒川雅幸・吉田俊和「児童・生徒の教師認知がいじめの加害傾向に及ぼす影響：学級の集団規範およびいじめに対する罪悪感に着目して」『教育心理学研究』57　pp.324-335　2009年
- 岡安孝弘・高山巌「中学校におけるいじめ被害者および加害者の心理的ストレス」『教育心理学研究』48　pp.410-421　2000年
- 国立教育政策研究所生徒指導・進路指導研究センター（編）『いじめについて、正しく知り、正しく考え、正しく行動する。』p.12　2013年
- 国立教育政策研究所生徒指導・進路指導研究センター『いじめに備える基礎知識』p.6　2015年
- 森田洋司・清永賢二『新訂版　いじめ：教室の病』p.51　金子書房　1994年
- 文部科学省「いじめ防止対策推進法」2013年
- 文部科学省「平成30年度 児童生徒の問題行動・不登校等生徒指導上の諸課題に関する調査結果について」p30,33　2019年

第3章
- エリク・H・エリクソン,西平直・中島由恵（訳）『アイデンティティ：青年と危機』新曜社　2017年
- 遠藤利彦「アタッチメントが拓く生涯発達（特集　最新・アタッチメントからみる発達：養育・保育・臨床の場における“愛着”をめぐって）」『発達』39　pp.2-9　ミネルヴァ書房　2018年
- 河合隼雄『大人になることのむずかしさ：青年期の問題』岩波書店　1996年
- ジェームズ・J・ヘックマン,古草秀子（訳）『幼児教育の経済学』東洋経済新報社　2015年
- 高野優『高野優の思春期ブギ：くもり、どしゃ降り、ごくたまに晴れ：イラストエッセイ』p.73　ジャパンマシニスト社　2012年
- Howes,C., Hamilton,C.E., & Philipsen,L.C. 1998 Stability and continuity of child-caregiver and child-peer relationships,Child Development　69(2)　pp.418-426
- 文部科学省「平成30年度 児童生徒の問題行動・不登校等生徒指導上の諸課題に関する調査結果について」p.72　2019年

第4章
- 井上雅也「高齢者の心理−知能と痴呆症をめぐって」『日本老年医学会雑誌39巻1号』p.2　2002年
- エリク・H・エリクソン，小此木啓吾（訳編）『自我同一性：アイデンティティとライフサイクル』誠信書房　1982年

・厚生労働省「認知症施策推進総合戦略（新オレンジプラン）～認知症高齢者等にやさしい地域づくりに向けて～（概要）」2015年
・佐藤眞一・高山緑・増本康平『老いのこころ：加齢と成熟の発達心理学』有斐閣　2014年
・内閣府「令和元年度高齢社会白書（全体版）」2019年
・内閣府男女共同参画局「育児と介護のダブルケアの実態に関する調査」2016年
・中川威「高齢期における主観的幸福感の安定性と変化：―9年間の縦断研究―」『老年社会科学40』pp.22-31　2018年
・東恵子「新たな社会的リスク『ダブルケア』」「かながわ働き方改革ワークライフバランスコラム」神奈川県ホームページ　2016年
　http://www.pref.kanagawa.jp/cnt/f533083/p1082289.html（2020年8月31日閲覧）

第Ⅱ部
第5章
・厚生労働省「平成30年国民生活基礎調査の概況」p.3　2019年
・総務省統計局「国勢調査報告」1970年
・総務省統計局「国勢調査報告」2010年
・原真由美・金原俊輔「現代日本の家族における「かたち」と「こころ」についての考察」『長崎ウエスレヤン大学現代社会学部紀要』5巻1号　pp.37-42　2007年
・松岡明子・丸島令子『家族　この人間にとって本質的なもの』同文書院　1994年
・松本園子・永田陽子・長谷部比呂美・日比暁美・堀口美智子『子ども家庭支援の心理学』ななみ書房　2019年
・渡井さゆり『「育ち」をふりかえる―「生きてていい」、そう思える日はきっとくる』岩波ジュニア新書　2014年

第6章
・日本家族研究・家族療法学会（編）『臨床家のための家族療法リソースブック：総説と文献105』金剛出版　2003年
・平木典子『家族との心理臨床：初心者のために』p.99　垣内出版　1998年

第7章
・浅田恵美子「不妊をめぐる苦悩の体験プロセスについて」『京都大学大学院教育学研究科紀要』第59号pp.471-483　2013年
・With news 2018年7月5日「「子どもがいない人生」歩む　充実してるけど…後悔で気づく刷り込み」https://withnews.jp/article/f0180705002qq000000000000000W08110101qq000017621A（2020年8月31日閲覧）
・宇野知子「赤ちゃんの死をめぐって　特集　母と子：周産期と乳幼児期への心理援助」『臨床心理学』第6号　pp.750-754　金剛出版　2006年
・厚生労働省「平成29年（2017）人口動態統計月報年計（概数）の概況　結果の概況」p.15　2017年
・厚生労働省「平成30年（2018）人口動態統計月報年計（概数）の概況」2018年
・厚生労働省「令和元年（2019）人口動態統計の年間推計　人口動態総覧の年次推移」2019年
・厚生労働省「令和元年（2019）人口動態統計月報年計（概数）の概況」p.4　2020
・国立社会保障・人口問題研究所「2015年 社会保障・人口問題基本調査（結婚と出産に関する基本調査）現代日本の結婚と出産：第15回出生動向基本調査（独身者調査ならびに夫婦調査報告書）」2017年
・社会実情データ図録　http://honkawa2.sakura.ne.jp/1535.html（2020年8月19日閲覧）
・総務局統計局「国勢調査報告」1920年、1930年、1940年、1950年、1960年、1970年、1980年、1990年、2000年、2005年、2010年、2015年
・東京都福祉保健局HP「子どもを亡くされた方に接する時に」
　http://www.fukushihoken.metro.tokyo.lg.jp/kodomo/kosodate/kodomo.html　（2020年8月19日閲覧）
・内閣府「第2回選択する未来2.0参考資料」p.20　2020年
・日本産科婦人科学会「ARTデータブック」2012年

第8章

・岩上真珠『ライフコースとジェンダーで読む家族』有斐閣コンパクト　2013年

・小笠原祐子「ライフコースの社会学的再考：ライフサイクル視点再導入の検討」『研究紀要　一般教育・外国語・保健体育 = Reserch bulletin　日本大学経済学部編　75』pp.139-153　2014年

・岡本祐子・松下美智子（編）『新・女性のためのライフサイクル心理学』p.13　福村出版　2002年

・柏木惠子・若松素子「「親となる」ことによる人格発達：生涯発達的視点から親を研究する試み」『発達心理学研究』第5巻第1号　pp.72-83　1994年

・国立社会保障・人口問題研究所「2015年 社会保障・人口問題基本調査（結婚と出産に関する基本調査）現代日本の結婚と出産：第15回出生動向基本調査（独身者調査ならびに夫婦調査報告書」p.29　2017年

・内閣府男女共同参画局「男女共同参画白書 平成30年度版」
http://www.gender.go.jp/about_danjo/whitepaper/h30/zentai/html/zuhyo/zuhyo01-03-05.html（2020年8月19日閲覧）

・内閣府男女共同参画局「男女共同参画白書 平成30年度版」
http://www.gender.go.jp/about_danjo/whitepaper/h30/zentai/html/zuhyo/zuhyo01-03-08.html（2020年8月19日閲覧）

・藤田結子『ワンオペ育児：わかってほしい休めない日常』毎日新聞出版　pp.78-86　2017年

・森下葉子・岩立京子「子どもの誕生による父親の発達的変化」『東京学芸大学紀要　総合教育科学系』60　pp.9-18　2009年

第Ⅲ部

第9章

・ヴィッキー・ランスキー、中川雅子（訳）『ココ、きみのせいじゃない：はなれてくらすことになるママとパパと子どものための絵本』太郎次郎社エディタス　2004年

・勝見吉彰「ステップファミリーにおける親子関係に関する研究：子どもの視点からの検討」『人間と科学：県立広島大学保健福祉学部誌』14（1）　pp.129-136　2014年

・公益社団法人全国幼児教育研究協会「幼児期における国際理解の基盤を培う教育の在り方に関する調査研究 ―外国籍等の幼児が在園する幼稚園の教育上の課題と成果から−」2017年

・厚生労働省「ひとり親家庭等の支援について」2020年

・厚生労働省「母子家庭等及び寡婦の生活の安定と向上のための措置に関する基本的な方針　新旧対照表（案）」2020年

・小榮住まゆ子「わが国におけるステップファミリーの現状と子ども家庭福祉の課題：ソーシャルワークの視点から」『人間関係学研究』第18号　pp.23-34　2020年

・ジャスティン・リチャードソン＆ピーター・パーネル、尾辻かな子・前田和男（訳）『タンタンタンゴはパパふたり』ポット出版　2008年

・厚生労働省「2019年国民生活基礎調査の概況」p.14　2020年

・野口康彦・小野綾花「ステップファミリーを経験した青年による3人の親評価―PAC分析を援用して―」『茨城大学人文社会学部紀要　人文コミュニケーション学論集5』pp.27-50　2019年

・野口康彦・櫻井しのぶ「親の離婚を経験した子どもの精神発達に関する質的研究：親密性への怖れを中心に」『三重看護学誌　11』pp.9-17　2009年

・ペギー・ランプキン、中川雅子（訳）『ステップキンと7つの家族：再婚と子どもをめぐる物語』太郎次郎社エディタス　2006年

・松岡明子・丸島令子（編）『家族　この人間にとって本質的なもの』同文書院　1994年

・みっつん『ふたりぱぱ：ゲイカップル、代理母出産（サロガシー）の旅に出る』現代書館　2019年

・メアリ・ホフマン（文）、ロス・アスクィス（絵）、杉本詠美（訳）『いろいろ いろんな かぞくのほん』少年写真新聞社　2018年

・薬師実芳・笹原千奈未・古堂達也・小川奈津己『LGBTってなんだろう？：からだの性・こころの性・好きになる性』合同出版　2014年

第10章

・石津憲一郎・安保英勇「中学生の過剰適応傾向が学校適応感とストレス反応に与える影響」『教育心理学研究』56　pp.23-31　2008年

・厚生労働省「知的障害児（者）基礎調査：調査の結果　用語の解説1知的障害」
https://www.mhlw.go.jp/toukei/list/101-1c.html（2020年9月16日閲覧）
・厚生労働省「児童虐待の定義と現状」
https://www.mhlw.go.jp/stf/seisakunitsuite/bunya/kodomo/kodomo_kosodate/dv/about.html（2020年9月16日閲覧）
・厚生労働省「知ることから始めよう　みんなのメンタルヘルス」
https://www.mhlw.go.jp/kokoro/speciality/detail_into.html（2020年9月16日閲覧）
・佐藤みのり「うつ病の親を持つ子どもがヤングケアラー化し精神疾患を発症する場合」『心理臨床学研究』36（6）　pp.646-656　2019年
・杉本明生・末光茂「知的障害者の結婚と子育ての困難さに関する家族支援の文献的検討」『川崎医療福祉学会誌』Vol. 27　No. 2　pp.491-494　2018年
・田野中恭子・遠藤淑美・永井香織・芝山江美子「統合失調症を患う母親と暮らした娘の経験」『保健医療技術学部論集』第10号　pp.49-61　2016年
・日本精神神経学会「テーマ1：統合失調症とは何か」2015年
https://www.jspn.or.jp/modules/advocacy/index.php?content_id=59（2020年9月16日閲覧）
・プルスアルハ『ボクのせいかも…：お母さんがうつ病になったの　家族のこころの病気を子どもに伝える絵本1』ゆまに書房　2012年
・プルスアルハ『お母さんどうしちゃったの…：統合失調症になったの・前編　家族のこころの病気を子どもに伝える絵本2』ゆまに書房　2013年
・プルスアルハ『お母さんは静養中：統合失調症になったの・後編　家族のこころの病気を子どもに伝える絵本3』ゆまに書房　2013年

第11章

・友田明美「不適切な生育環境に関する脳科学研究」『日本ペインクリニック学会誌』27（1）pp.1-7　2020年
・西澤哲『子どもの虐待：子どもと家族への治療的アプローチ』誠信書房　1994年
・村瀬嘉代子「児童虐待への臨床心理学的援助―個別的にして多面的アプローチ」『臨床心理学1（6）』pp.711-717　金剛出版　2001年
・文部科学省「養護教諭のための児童虐待対応の手引き」2007年

第12章

・飯田順三「習癖異常とは」『こころの科学』130号　pp.14-16　日本評論社　2006年
・金子一史「さまざまな困ったくせ　指しゃぶり・爪かみ・性器いじり」『こころの科学』130号　pp.68-72　日本評論社　2006年
・厚生労働省　e-ヘルスネット「自律神経失調症」
https://www.e-healthnet.mhlw.go.jp/information/dictionary/heart/yk-082.html（2020年10月8日閲覧）
・田中大介『やさしくわかる子どもの起立性調節障害』洋泉社　2016年
・田中英高『起立性調節障害の子どもの正しい理解と対応』中央法規出版　2009年
・日本消化器病学会ガイドライン「過敏性腸症候群（IBS）」
https://www.jsge.or.jp/guideline/disease/ibs.html（2020年10月8日閲覧）
・日本小児心身医学会ホームページ「小児の心身症-総論　心身症とは」
http://www.jisinsin.jp/outline.htm（2020年10月8日閲覧）
・日本臨床内科医会「わかりやすい病気のはなしシリーズ12　過敏性腸症候群」

第13章

・MSDマニュアル「家庭版／23.小児の健康上の問題／小児における行動上の問題／小児の睡眠障害」
https://www.msdmanuals.com（2020年10月8日閲覧）
・MSDマニュアル「プロフェッショナル版／08.精神障害／摂食障害群／摂食障害群に関する序論」
https://www.msdmanuals.com（2020年10月8日閲覧）
・大川匡子（編著）『睡眠障害の子どもたち：子どもの脳と体を育てる睡眠学』合同出版 2015年

・杉山登志郎「幼児期の食行動異常」『そだちの科学 25　摂食障害とそだち』pp.57-60　日本評論社　2015 年
・高尾龍雄（編著）『心身症：身体の病からみたこころの病―』ミネルヴァ書房　2018 年
・髙宮静男『摂食障害の子どもたち：家庭や学校で早期発見・対応するための工夫』合同出版　2019 年
・東邦大学医療センター佐倉病院小児科「〜子どもによくみられる症状〜 夜驚症・夢中遊行症」
・冨部志保子『バイバイ、おねしょ！』朝日新聞出版　2015 年
・山登敬之『子どもの精神科』筑摩書房　2005 年

第14章

・NPO 法人トゥレット協会「もしかしてトゥレット症候群ではありませんか？」2016 年
・金生由紀子・星加明德・高木道人・新井卓・瀬川昌也『トゥレット症候群（チック）：脳と心と発達を解くひとつの鍵』星和書店　2002 年
・かんもくネット 資料 No.13　http://kanmoku.org/handouts.html（2020 年 10 月 8 日閲覧）
・菊池良和『エビデンスに基づいた吃音支援入門』学苑社　2012 年
・はやしみこ『どうして声が出ないの？：マンガでわかる場面緘黙』学苑社　2013 年
・廣嶌忍・堀彰人『子どもがどもっていると感じたら』大月書店　2004 年

第15章

・石井麻衣・成基香・柏原亜津子・小池敏英「軽度発達障害児における漢字書字の学習経過に関する検討 ―漢字学習に順行性の干渉が多く認められた事例について−」『東京学芸大学紀要第 1 部門　教育科学 55』p.167　2004 年・尾崎洋一郎他『学習障害（LD）及びその周辺の子どもたち』同成社　2000 年
・尾崎洋一郎他『ADHD 及びその周辺の子どもたち』同成社　2001 年
・尾崎洋一郎他『高機能自閉症・アスペルガー症候群及びその周辺の子どもたち』同成社　2005 年
・木村順（監）『遊んでいるうちに手先が器用になる！発達障害の子の指遊び・手遊び・腕遊び』講談社　2013 年
・小池敏英・雲井未歓・窪島務（編著）『LD 児のためのひらがな・漢字支援：個別支援に生かす書字教材』p.3,9　あいり出版　2003 年
・佐藤智子『自閉症の子とたのしく暮らすレシピ』ぶどう社　2007 年
・篠宮暁『オジンオズボーン篠宮暁の秒で暗記! 漢字ドリル』宝島社　2020 年
・日本精神神経学会（日本語版用語監修）、髙橋三郎・大野裕（監訳）『DSM-5 精神疾患の診断・統計マニュアル』p.73　医学書院　2014 年
・高橋みかわ『重い自閉症のサポートブック』ぶどう社　2011 年
・連合大学院小児発達学研究科・森則夫・杉山登志郎（編）『DSM- 5 対応　神経発達障害のすべて』日本評論社　2014 年

さくいん

あ

愛着 ……………………………… 6
アイデンティティ ………………… 28
アイデンティティの確立 ………… 28
いじめ…………………………… 19
いじめ防止対策推進法 ………… 19
遺尿症 ……………………………131
遺糞症 ……………………………131
うつ病 ……………………………103
LGBTQ ……………………………… 96
円環的関係 ……………………… 58

か

外言 ……………………………… 10
外国につながりのある家族 ……… 97
過食症 ……………………………129
家族 ……………………………… 48
家族システム論 ………………… 57
家族ライフサイクル論 ………… 56
家庭 ……………………………… 48
過敏性腸症候群 …………………123
偽成熟性 …………………………112
吃音 ……………………………136
虐待 ……………………………110
虐待の世代間伝達 ………………112
虐待の反復傾向 …………………111
ギャングエイジ ………………… 19
協同遊び ………………………… 9
共同注意………………………… 6
拒食症 ……………………………129
起立性調節障害…………………123
癖 ……………………………120
具体的操作期 …………………… 18

け

形式的操作期 …………………… 18
結晶性知能 ……………………… 40
限局性学習症 ……………………145
合計特殊出生率 ………………… 67
高度生殖医療 …………………… 67
心の理論 ………………………… 10
子どもの貧困 …………………… 93

さ

サクセスフルエイジング ………… 41
三項関係 ………………………… 6
ジェノグラム …………………… 61
思春期…………………………… 28
思春期葛藤 ……………………… 28
自閉スペクトラム症 ……………150
生涯未婚率 ……………………… 67
食行動異常………………………129
自律神経失調症…………………123
心身症…………………………123
新生児反射 ……………………… 4
親密性…………………………… 38
睡眠時遊行症 ……………………128
ステップファミリー …………… 94
性別役割分業……………………… 83
世帯 ……………………………… 48
世代間境界………………………… 60
世代性…………………………… 38
摂食障害…………………………129
選択性緘黙 ………………………138
喪失 ……………………………… 68

た

第一次反抗期 ……………………… 8
退行 ……………………………… 121
第二次反抗期 …………………… 29
ダブルケア ……………………… 38
チック …………………………… 136
知的障害 ………………………… 104
注意欠如多動症 ………………… 148
中年期危機 ……………………… 39
統合失調症 ……………………… 103
トゥレット症候群 ……………… 136

な

内言 ……………………………… 10
二次障害 ………………………… 153
認知症 …………………………… 40

は

発達障害 ………………………… 144
ピア・グループ ………………… 31
人見知り ………………………… 6
ひとり親家庭 …………………… 92
不登校 …………………………… 31
平行遊び ………………………… 9

ま

マルトリートメント …………… 110
見捨てられ不安 ………………… 111

や

夜驚症 …………………………… 128
夜尿症 …………………………… 130
ヤングケアラー ………………… 105
幼保小連携 ……………………… 21

ら

ライフコース …………………… 78
流動性知能 ……………………… 40
連合遊び ………………………… 9

わ

ワンオペ育児 …………………… 83

著者紹介

杉﨑雅子（すぎざき　まさこ）

小田原短期大学　保育学科　准教授
公認心理師・臨床心理士・学校心理士スーパーバイザー

スギ先生と考える　子ども家庭支援の心理学

2021年2月28日　初版第1刷発行
2024年4月1日　初版第4刷発行

著　者　杉﨑雅子
発行者　服部直人
発行所　株式会社萌文書林
　　　　〒113-0021　東京都文京区本駒込6-15-11
　　　　TEL 03-3943-0576　FAX 03-3943-0567
　　　　https://www.houbun.com
　　　　info@houbun.com
印刷所・製本所　中央精版印刷株式会社
デザイン・DTP　久保田祐子（クリエイティブ悠）
イ ラ ス ト　西田ヒロコ

ⓒ Masako Sugizaki 2021, Printed in Japan
ISBN 978-4-89347-368-4　C3037